예수, 인간의 이미지

ANSELM GRÜN

JESUS — BILD DES MENSCHEN
Das Evangelium des Lukas

Copyright © 2001 Kreuz Verlag GmbH & Co. KG Stuttgart
All rights reserved.

Translated by LEE Seong Woo
Korean translation copyright © 2006 by Benedict Press
Waegwan, Korea.

Published by arrangement with Kreuz Verlag, Stuttgart.

예수, 인간의 이미지
2006년 3월 초판 | 2018년 10월 5쇄
옮긴이 · 이성우 | 펴낸이 · 박현동
펴낸곳 · 성 베네딕도회 왜관수도원 ⓒ 분도출판사
찍은곳 · 분도인쇄소
등록 · 1962년 5월 7일 라15호
04606 서울시 중구 장충단로 188(분도출판사 편집부)
39889 경북 칠곡군 왜관읍 관문로 61(분도인쇄소)
분도출판사 · 전화 02-2266-3605 · 팩스 02-2271-3605
분도인쇄소 · 전화 054-970-2400 · 팩스 054-971-0179
ISBN 978-89-419-0606-3 03230

이 책의 한국어판 저작권은
Kreuz Verlag과 독점 계약한 분도출판사에 있습니다.
저작권법에 의해 한국 내에서 보호를 받는 저작물이므로
무단 전재와 무단 복제를 금합니다.

안셀름 그륀

예수, 인간의 이미지

루가 복음 묵상

이성우 옮김

분도출판사

예수, 인간의 이미지 • 차 례

입문 • 7

루가는 복음서 저자다 • 13

루가는 의사이자 화가다 • 21
루가는 의사다 • 21
루가는 화가다 • 24

예수의 유년기 이야기 • 31
천사가 마리아에게 기쁜 소식을 전하다 • 33
마리아와 엘리사벳의 만남 • 37
예수 탄생 • 41
시므온과 안나 • 49

루가가 묘사하는 병과 치유 • 57
곱사등이 부인의 치유 • 59
수종 병자의 치유 • 65
의사이신 예수의 파견 • 69

예수의 비유 • 77
잃었던 은전 비유 • 82
잃었던 아들 비유 • 88
약은 청지기 비유 • 98

예수는 기도하는 이의 모범이시다 • 101
    기도에 대한 예수의 가르침 • 106
    과부의 간청을 들어주는 재판관 비유 • 112
    바리사이와 세리의 비유 • 115

예수는 하느님의 순례자이시다 • 119

수난 이야기 • 133
    예수의 고별 만찬 • 138
    예수의 수난 여정 • 141
    십자가 처형 • 145
    예수의 죽음에 대한 반응 • 148

부활 이야기 • 153
    부활의 근거는 시편 16이다 • 154
    무덤에 간 여자들 • 157
    엠마오로 가는 제자들 • 159
    예수께서 모든 제자들에게 나타나시다 • 164

우리는 무엇을 해야 하는가? • 173

소유와 재산에 대한 입장 • 177
회개 • 182
자캐오는 기쁘게 회개한 사람의 본보기다 • 185
죄인들에 대한 새로운 대우 • 188

루가는 전례력의 복음사가다 • 195

역사의 신학 • 197
일곱 번의 '오늘' • 198
연극의 신학 • 202
루가와 전례 기도 • 204

맺음말 • 210
참고 문헌 • 214

입문

루가 복음을 해석하거나, 루가 복음 저자의 신학이 지니고 있는 세부적인 관점들을 밝혀내는 책들은 수없이 많다. 그렇다면 성서 주석가가 아닌 사람이 루가 복음에 대해서 어떤 입문을 쓸 것인가?

나는 많은 성서 주석서들에서 개인의 영적 여정을 위한 번역이 결여되어 있다는 사실을 발견하였다. 그래서 나는 루가 복음에 대한 입문을 쉽게 이해할 수 있는 언어로 써서, 루가 복음을 알고 싶어 하는 많은 사람들에게서 신약성서의 이 아름다운 책에 대한 새로운 관심을 불러일으켜 달라는 크로이츠 출판사의 청탁을 기쁘게 받아들였다. 예나 지금이나 성서는 책들 중의 책, 영적인 삶의 양식을 얻는 책이다. 하지만 나는 신약성서를 이해하기가 어렵다고 하는 많은 그리스도인들을 만난다. 그들은 예수 그리스도를 만나고 싶어 한다. 많은 그리스도인들은 예수가 그들에게 어떤 분이고, 예수에게서 시작하고 예수와 함께 살 수 있는 삶의 방식이 무엇인지 자신에게 묻는다. 그러나 예수는 그들에게 거의 대부분의 경우 낯선 분으로 다가온다. 그들은 주일에 복음을 듣는다. 하지만 그 복음 말씀은 그들의 마음에 와닿지 않는다.

그런가 하면 반대로 나는 성서 본문에서 자기가 살아온 삶의 여정과 화해하고, 자신을 위한 구원의 여정을 발견하는 데 도움을 받는 사람들도 만난다. 나의 관심사는 오늘 우리를 위한 성서의 보물을 부각시키고, 갈구하는 사람들에게 하느님 말씀에 접근하는 새로운 길을 제시하는 것이다. 이 작업을 하는 동안 나는 무엇보다도 루가의 예수에 대한 경험에 가까이 가고자 한다. 이 작업을 통하여 이 책을 읽는 독자 여러분들과 적절한 언어를 찾기 위해 씨름하는 저자인 나에게, 오늘날 루가가 했던 그 경험이 삶의 원동력이 될 수 있기를 바란다.

내가 루가에게서 매력을 느끼는 점은, 예수의 복음을 그리스인들이 이해할 수 있도록 그리스인들의 지평으로 번역한 루가의 시도다. 루가는 그리스 철학과 문학을 잘 알았을 뿐 아니라 유다교 전통도 잘 알았던 지식인이었음에 틀림없다. 그래서 루가는 유다인들과 그리스인들이 예수를 이해하고 사랑하는 것을 배울 수 있도록, 예수에 대하여 묘사하는 데 성공할 수 있었다. 루가는 개인적으로 예수에게서 깊은 감동을 받았다. 그리하여 그는 매우 호감 가는 예수의 이미지를 만든다. 루가는 이 예수에 대하여 그의 독자들, 무엇보다도 헬레니즘 문화의 영향을 받은 학식 있는 독자들을 매료시키고 싶어 한다. 헬레니즘 문화는 다양한 전통을 접하고, 서양의 철학적 사유와 동서양의 종교적인 흐름도 접하는 우리 현대인의 정신세계에 여러 가지 면에서 유사하다. 나는 개인적으로 고등학교 시절부터 그리스 철학에 매료되었다. 그래서 나는 루가 복음 입문에서 무엇보다도 예수 사건을 그리스 정신세계로 옮기는 번역 작업에 주목하고 싶다. 하지만 나는 거기에 머물러 있고 싶지 않다. 왜냐하면 루가가 그 당시 수행했던 것은 신학이 각 시대마다 해야 할 과제이기 때문이다. 신학은 당대 사람들이 예수의 복음에 감동을 받고 감화되도록, 예수의 복음을 당대의 언어로 옮겨야 한다. 루가는 구약성서의 신학을 알고 있었고, 그리스 철학과 신화도 잘 알고 있었다. 그는 예수의 유다적인 뿌리와 사유 지평을 유지하면서, 동시에 그리스인들에게 예수를 개방한다.

나는 옛것과 새로운 것을 연결하는 시도, 즉 과거에 발생한 사건을 현재로 번역하는 루가의 시도를 이 책에서 이어받아 계속하고 싶다. 내가 이 책에서 시도하고자 하는 작업의 핵심은, 성서 본문을 수많은 대화와 상담을 통해 나에게 이야기했던 사람들의 고통과 갈망과 연관시켜 풀이하는 것이다. 나는 현재를 살고 있는 사람들을 움직이는 것과, 예수께서 그 당대의 한 사람으로서 루가를 매료시킨 것을 연결하고 싶다.

루가 복음과 사도행전을 묵상할 때, 나에게 떠오르는 질문은 다음과 같다. 예수의 역사 — 루가 복음 — 를 저술하고 초대교회에 미친 그의 영향력 — 사도행전 — 을 묘사하기 위하여, 그토록 열정적으로 작업하고 모든 전승과 자료들을 연구하도록 루가를 몰아붙인 힘은 무엇인가? 루가는 개인적으로 예수의 복음에 깊은 감동을 받았음에 틀림없다. 루가가 예수의 행적에서 본 것은 하느님의 영이고, 이것은 사도들의 사업에서도 드러난다. 루가는 바로 이 하느님의 영에 매료되어 이 영이 독자들을 사로잡고, 예수께서 우리에게 열어 주신 삶을 위한 새로운 길을 그들에게도 보여 주시도록 복음서를 저술한다. 나의 가장 큰 소망은, 독자 여러분이 루가 복음과 사도행전을 묵상하는 데 흥미를 느끼는 것이다. 그리고 나는 모든 독자가 루가를 통해 예수에게 다가가고, 예수에 대한 새로운 이미지를 얻기를 바라고, 예수에게서 삶의 의미를 깨우쳐 주고 자신의 상처를 치유해 주며, 참된 삶으로 인도하시는 분을 인식할 수 있기를 바란다.

루가는 복음서 저자다

초세기의 전통은 루가를 바울로 사도의 전교 여행을 함께한 동행인으로 본다. 그러나 오늘날의 성서 주석가들은 이것을 의문시한다. 왜냐하면 바울로 사도가 보여 주는 신학은 루가의 신학과 본질적으로 다르기 때문이다. 우리는 루가라는 인물의 출신 성분과 개성에 대하여 확실하게 아는 것이 없다. 하지만 우리는 그의 잘 다듬어진 그리스어 실력을 근거로, 루가가 사회적으로 상류층 가문에서 태어났고 수사학과 그리스 철학을 잘 배웠다는 것은 추측할 수 있다. 뿐만 아니라 그는 그리스어 성서 번역인 칠십인역도 매우 잘 알고 있었다. 아마도 그는 유다교에 대하여 호감을 가지고 있는 '하느님을 두려워하는 사람들'의 모임에 속했던 것 같다. 루가는 예수 사건이 있은 다음 2세대 아니면 3세대에 속한다. 전통에 의하면 그는 안티오키아 출신이다. 가장 최근에 루가 복음 주석서를 출판한 프랑수아 보봉F. Bovon은, 루가가 마케도니아, 그것도 필립비 출신이라고 생각한다. 왜냐하면 루가는 사도행전에서 바로 이 도시에 대하여 아주 상세하게 묘사하기 때문인데, 이것은 그가 이 도시를 정확하게 알고 있었음을 보여 준다는 것이다. 그러나 그것은 확실하지 않다. 예로니모는, 루가가 복음서를 아카이아Achaia에서 저술했고 테베Thebe에서 죽었다고 전한다. 그것은 루가가 대부분 그리스에서 살았음을 의미한다. 루가는 그의 복음서를 80년과 90년 사이에 쓴 것으로 추정된다. 그는 여행을 많이 했고, 예루살렘을 여행한 것도 확실하다. 왜냐하면 예루살렘 도시에 대한 그의 묘사가 정확하기 때문이다. 그에 반해 그는 갈릴래아에는 가 보지 않은 것 같다. 왜냐하면 갈릴래아 지역에 관한 묘사는 부정확하기 때문이다.

루가는 자기 자신에 대하여 말하는 유일한 복음서 저자다. 그는 머리말에서 모든 전승들을 꼼꼼하게 살피고 처음부터 모든 것을 정확하게 쓰고자 한다고 밝힌다. 그의 머리말은 그리스 작가들의 머리말과 유사하다. 그는 복음서를 고대 그리스어로 저술했다. 루가는 베스트셀러 책을 쓰려는 명예욕을 가지고 있었다. 그의 책은 서점에 진열될 만하다. 그래서 루가는 자신의 책을 지위 높고 부유한 인물, '존귀하신 데오필로님'께 헌정한다. 이 데오필로라는 인물은 출판사를 운영하는 사람으로서 루가가 저술하는 책 두 권의 출판과 판매를 책임질 사람이다. 왜냐하면 루가는 처음부터 그의 작품을 두 권으로 기획했기 때문이다. 한 권은 예수와 관련한 사건들에 대하여 쓰고, 다른 한 권은 초대교회의 역사에 대하여 쓴다. 루가는 그의 예수에 관한 책을 '복음'이 아니라 '이야기'라고 부른다. 그는 예수의 역사를 이야기하고자 한다. 물론 단편적인 사실들뿐 아니라 당대의 그리스 역사 서술에서 일반적이었던 것처럼 이미 해석된 역사를 이야기하고자 한다. 사실들은 해석되어야 비로소 우리에게 의미가 있다. 해석되지 않은 순수 사실들은 우리에게 아무런 의미가 없다. 루가는 예수의 이야기를 인간의 치유와 구원의 이야기로 해석했다. 하느님은 예수의 역사에서 당신 자신을 구원하시는 하느님으로 보여 주신다. 그 당시 일어난 일이 우리 세상을 결정적으로 바꾸어 놓았다. 우리가 예수의 역사와 대면한다면 그것은 우리도 바꾸어 놓을 것이다.

루가는 저술가로서 사람들이 예수를 이해할 수 있도록 하는 일에 특별한 공헌을 하고자 한다. "우리가운데서 이루어진 일들 이야기를 많은 이가 다루어 처음부터 목격하며 말씀의 시종이 되었던 이들이 전해 준 대로 엮은 바 있거니와, 저도 이 모든 일을 맨 처음부터 꼼꼼히 살펴서 순서대로 적어 드리고자 했으니, 존귀하신 데오필로님, 읽어 보고 이미 배운 말씀들이 어김없음을 확인하시기 바랍니다"(루가 1,1-4). 루가는 그에 앞서 예수에 대하여 쓴 선임자들의 시도에 만족하지 않고 있다. 예수 이야기의 시작과 역사에 미친 영향력에 대한 이야기가 결여되어 있기 때문이다. 그리고 루가가 보기에 먼저 씌어진 글들에는 모든 것을 제대로 된 자리에 배치하는 적절한 구성이 결여되어 있고, 독자들의 느낌을 배려하는 글쓰기 방식이 결여되어 있다. 루가는 한편으로는 자기보다 먼저 복음서를 쓴 사람들을 따라가고, 다른 한편으로는 그들에게서 떨어져 나와 차별성을 둔다. 바로 여기서 자신의 독자적인 문학작품을 창조하는 루가의 자의식이 드러난다. 루가의 작품은 필요하다. 왜냐하면 그는 모든 일을 '처음부터', '꼼꼼히'*akribos*(= 철저하게, 엄밀하게) 점검하고 살펴보고 새롭게 구성했기 때문이다. 그리고 그는 그것을 '순서대로' 쓴다. 그것은 루가가 자료를 질서 있게 정리했고, 일어난 일들의 내적인 맥락을 보았다는 뜻이다. 그는 그에게 전해진 것들을 그냥 이야기하지 않고, 저술할 때 이야기 전체에 대한 짜임새 있는 구성, 신학적인 컨셉트를 가지고 있다.

루가는 예수에 대하여 교리적인 신학이 아니라 이야기 신학을 전개한다. 이야기식으로 신학하는 것은 인간 친화적이다. 왜냐하면 이야기 신학은 독자에게 추상적인 교리 문장을 무리하게 요구하지 않기 때문이다. 독자는 자유를 느끼며 이야기 안에서 자신을 재발견한다. 루가는 예수의 행적들에 대한 감수성 있는 이야기를 통하여 독자들에게 다가가고 싶다. 그의 책은 예수와 그의 복음을 홍보하는 홍보 책자다. 저술할 때, 루가는 저술 범위를 예수의 생애에 한정하지 않고 초대교회의 역사에서 드러나는 예수 행적의 영향력까지 포함한다. 예수께서 하신 말씀과 행적은 역사에 영향을 미친다. 그리고 이 영향력을 염두에 두어야 비로소 예수의 생애 사건들을 제대로 묘사할 수 있다. 루가의 작품이 지향하는 목표는, 그의 독자가 '말씀들이 어김없음을 인식하는 것'이다. 그는 독자들에게 중심과 확신을 주고자 한다. 독자들은 자신의 삶을 어떤 바탕 위에 세울 것인지 알아야 할 것이다.

루가는 유려한 머리말 다음에 그의 이야기를 다음과 같은 문장으로 시작한다. "헤로데가 유대 왕으로 있을 때 일어난 일이다"(루가 1,5). 루가는 '그리고 일어났다'(kai egeneto)라는 표현을 즐겨 사용한다. 그는 머리말에서 매우 아름다운 그리스 표현 양식을 사용한 다음 다른 표현 양식을 끌어들인다. 왜냐하면 '그리고 일어났다'라는 표현은 전형적인 그리스식 표현이 아니라, 구약성서의 그리스어 번역인 칠십인역에 일반적으로 사용되는 것처럼 셈족 표현 양식이다. 그러니까 루가는 세속적인 이야기가 아니라 거룩한 이야기를 말하려는 것이다. 그는 거룩한 이야기를 말하려 하기 때문에 매우 다른 이 이야기에 적당한 표현 양식을 사용한다. 오늘날 어떤 이야기꾼이 '옛날 옛날에'라는 말로 이야기를 시작하면, 우리는 그가 동화를 말한다는 것을 안다. 이렇게 그 당시 그리스인으로서 칠십인역을 잘 알고 있던 사람들은, 루가가 이제 거룩한 이야기, 우리 인간과 함께 엮어 가시는 하느님의 이야기를 말하기 시작한다는 것을 알았다. 그리스인들은 이런 현상을 두고 '미메시스'Mimesis(= 모방)라고 한다. 그리스 작가가 쓴 희극에 크레타 사람이 등장하면, 그는 크레타 사투리를 말한다. 즉, 루가가 전형적인 셈족어 표현 양식을 사용하는 칠십인역의 언어를 모방할 때, 그것은 그리스인들이 즐겨 사용하는 글쓰기 방식이라는 것이다. 루가는 이런 글쓰기 방식으로 양쪽 사람들, 즉 그리스인들과 유다인들을 모두 만족시키고자 한다. 그는 유다인에게 친숙한 언어로 예수의 이야기를 말한다. 하지만 그는 그 이야기에 그리스풍의 외투를 입힌다.

루가는 의사이자 화가다

루가는 의사다

전승에 의하면 루가는 의사다. 여러 성서 주석가들은, 루가의 언어가 의학 교육을 받은 사람의 언어라는 것을 강조한다. 그가 실제로 의사였는지 아니었는지에 상관없이 중요한 것은, 루가에 대한 전승이 만든 의사의 이미지가 담고 있는 내용이다. 루가는 인간의 치유를 가장 중요시했던 한 사람이었음이 분명하다. 루가 복음과 사도행전을 보면, 그가 사람들을 가르치는 일을 최우선으로 여기지 않고 건강한 삶의 예술을 가장 중시한다는 것을 알 수 있다. 고대 의사들에게는 건강한 삶의 예술이 최우선적인 과제였다. 루가는 예수를 삶의 영도자, 우리를 건강한 삶의 예술로 인도하시는 분, 성공적인 삶을 위한 길을 우리보다 먼저 가신 분으로 묘사한다. 현대적으로 표현하자면 이렇게 말할 수 있다. 루가는 '믿음이 주는 삶의 도움'이라는 주제에 대하여 책을 저술했다.

루가는 건강한 인생살이라는 컨셉에서 그리스의 인간상을 따른다. 그리스인들은 적당한 정도程度를 중시한다. 적당한 것만이 '아름답고 착한 사람'(kalos k'agathos)에 대한 그리스인들의 인간상人間像에 어울린다. 이 정도에 양극의 균형이 포함된다. 그리스인들의 근본 질문은 다음과 같다: 인간은 어떻게 자신의 참된 본질을 발견할 수 있는가? 인간은 어떻게 내적 분열을 극복하여 자기 자신과의 일치와 하느님과의 일치를 이룰 수 있는가? 이 일치에 도달하는 방법이 곧 대립하는 양극의 균형 — 형평 — 이다. 그래서 루가는 글쓰기에서 '대조'를 즐겨 사용한다. 인간 삶의 한 극에 대하여 묘사한 다음 그는 즉시 반대 극을 묘사한다. 이런 현상은 루가가 한 남자 옆에는 늘 한 여자를 등장시키는 것에서 볼 수 있는데, 예를 들면 시므온과 안나의 경우(루가 2,22-38 참조)가 그렇고, 키레네 사람 시몬과 우는 여자들의 경우(루가 23,26-28 참조)가 그렇다. 남자에 대한 비유 다음에는 여자에 대한 비유가 이어진다. 루가는 두 자매, 두 형제, 두 임산부를 선호하는 데에서도 양극의 균형을 좋아한다는 것을 보여 준다. 그는 항상 인간의 양극을 묘사한다. 우리 인간은 양극으로 이루어져 있다. 루가는 한 가지 주제에 대하여 환상적으로 묘사하고 난 다음에는 항상 대립하는 극을 묘사함으로써 그 주제를 상대화시킨다. 예를 들어 루가는 이웃 사랑이라는 주제(루가 10,25-37)를 매력적으로 묘사하고 난 다음 즉시 하느님 사랑이라는 주제(루가 10,38-42)를 통해 이웃 사랑을 상대화시킨다. 루가는 그렇게 반대되는 극을 간과하여 우리 영혼의 중요한 영역을 제외시키는 위험성을 지니고 있는 일방적인 이상주의에서 우리를 보호해 준다. 루가는 우리에게 인간이 되는 균형 잡힌 길을 보여 준다. 그는 우리 현존재의 양극성을 인식하고 인정함으로써 활기차게 사는 예술을 우리에게 가르쳐 준다.

루가 복음은 긍정적인 인간상으로 각인되어 있다. 루가는 윤리주의자도 아니고 회의주의자도 아니다. 그는 인간을 믿는다. 인간은 어떻게 자기 세계에서 자신의 존엄성에 맞갖게 살 수 있을까? 어떻게 하면 인간은 자신의 근원적인 아름다움과 훌륭함을 경험할 수 있을까? 어떻게 하면 인간은 그리스인들이 그토록 애지중지했던 인간상을 실현할 수 있을까? 이런 질문들이 루가에게는 중요했다. 그는 예수를 우리의 참된 이미지를 실현한 인물로 본다. 그는 인간을 늘 죄인으로 묘사하는 것을 거부한다. 인간은 신적인 씨앗을 지니고 있다. 그러나 인간은 자신의 신적인 씨앗에서 자신을 소외시켰다. 그래서 예수께서는 인간에게 자신의 신적인 품위를 기억시키기 위하여 하늘에서 내려오신다. 루가의 이 긍정적인 인간상은 오늘날 그리스도교의 복음 선포에 도움이 된다. 우리는 너무나 오랫동안 인간이 하느님의 은총을 받아들이도록 하려면 먼저 인간을 작게 만들어야 한다고 생각했다. 루가는 우리를 궁극적으로 폄하하는 그런 방법을 거부한다. 그는 인간을 있는 그대로, 즉 신적인 품위를 지니고 있으면서도 흠과 상처를 지닌 존재로 본다. 그래서 루가는 예수를 우리의 상처를 치유하고 우리에게 건강한 삶의 예술을 가르쳐 주시는 진정한 의사로 묘사한다. 예수께서는 자기 자신 안에 움츠러들어 쪼그린 채 자신의 편협한 지평을 벗어나지 못하고 있는 우리를 우리의 참된 품위에 맞게 다시 일으켜 세우신다.

루가는 화가다

예수에 관한 전승이 전해 수는 또 다른 루가의 이미지는 화가다. 이 이미지 또한 역사적으로는 불분명하다. 그러나 이 이미지 안에는 무엇인가 참된 것이 숨겨져 있다. 루가는 사건들을 하나의 그림으로 묘사하는 기술을 통달한 축복받은 작가다. 그래서 후

이징Klaas Huizing은 아예 책제목을 『루가는 그리스도를 그린다』Lukas malt Christus라고 정했다. 루가는 우리에게 예수에 관한 '문학적인 초상화'를 그려 준다. 많은 사람들은, 루가가 훌륭한 이야기꾼이기는 하지만 훌륭한 신학자는 아니라고 생각한다. 나는 이런 견해에 동조하지 않는다. 루가는 인간됨 — 육화 — 에 관한 신학 전체가 잘 부각될 수 있도록 예수의 이야기를 하는 예술을 이해한 작가다. 루가는 예수께서 하느님의 아들이라는 것을 주장하고 그 근거를 찾을 필요성을 못 느낀다. 그는 예수의 신성이 찬란하게 빛나도록 예수에 관한 이야기를 한다. 독자가 예수에게 감명을 받음으로써 그에게서 하느님이 드러난다. 그렇게 그는 육화 사건으로 이끌어진다. 이것은 내가 볼 때, 높은 단계의 신학적 예술이다.

루가의 이야기에서는 하느님의 얼굴이 인간 예수에게서 빛난다. 이 이미지를 보면 우리는 그 이미지에 의해 변모될 것이다. 이야기를 읽는 중 구원이 일어난다. 내가 모든 감각을 모아 읽으면, 마틴 루터가 표현한 것처럼 내가 본문 안으로 '기어 들어가면', 나는 변모된 모습으로 본문에서 나온다. 나는 예수의 형상을 만나고, 그 형상은 나의 형상에 영향을 준다. 성서 본문은 그렇게 하나의 새로운 실재를 창조한다. 독자는 전과 동일한 사람이 아니다. 그는 본문을 통해서 새롭게 창조된다. 그는 성서 본문을 읽을 때 형성되는 예수 그리스도의 이미지와 만나게 된다(Huizing 140 참조).

루가는 그리스 수사학을 배웠다. 수사학의 목표는 "어떤 내용을 눈앞에 그리는 것"(Huizing 120)이었다. 호라즈Horaz는 '말씀으로 그리기'라는 것에 대하여 말한다. 루가는 우리에게 말씀으로 예수의 문학적인 초상화를 그려 주는 예술의 달인이다. 그는 예수의 몸짓과 시선을 묘사함으로써 예수의 형상이 드러나게 한다. 그렇게 함으로써 독자의 마음이 예수에 의해 건드려질 수 있는 분위기, 느낌의 장이 생긴다. 루가는 하느님 사랑의 육화에 대하여 말하지 않고, 하느님의 사랑이 육신이 된 이야기를 한다. 자비로운 사마리아 사람의 이야기(루가 10,30-38)처럼 말이다. 이 이야기를 모든 감각을 동원하여 읽는 사람은 바티칸 박물관에서 「라오콘 군상」을 감상했을 때의 릴케Rilke와 같이 될 것이다. 릴케는 이 환상적 입상立像 앞에 섰을 때, '너는 네 삶을 바꿔야 한다'는 음성을 들었다. 우리의 마음이 한 이야기에 사로잡히지 않고 그 이야기를 릴케처럼 읽을 수는 없다.

프랑수아 보봉은 루가의 이 능력을 그림 그리듯이 글을 쓴다고 묘사한다. 예수께서는 "두 가지 사랑의 계명을 한편으로는 자비로운 사마리아 사람의 비유를 통해서 그리고 다른 한편으로는 마리아와 마르타와의 대화(루가 10,25-42)를 통해서 설명해 주신다. 루가는 신학적으로 매우 어려운 질문들을 인상적인 영상을 통하여 이해를 돕는데, 예를 들자면 그는 동정녀 출산을 마리아와 천사의 생동감 있는 만남과 대화(루가 1,26-38)를 통하여 묘사한다"(Bovon 16 이하). 루가는 이방인 선교라는 질문을 지적인 근거를 제시함으로써 해결하지 않고 고르넬리오의 개종이라는 구체적인 예를 들어 해결한다. 루가는 느낌을 거론하지 않고 "느낌의 표현들을 그린다. 예를 들어 아직 태어나지 않은 요한이 어머니의 태중에서 펄쩍펄쩍 뛰놀고(루가 1,41 참조), 죄 많은 여자는 눈물을 쏟아 붓고(루가 7,38 참조), 예수께서는 중병을 앓고 있는 베드로의 장모 위에 몸을 구부리신다(루가 4,39 참조)"(Bovon 17). 루가는 모든 상황을 공감할 수 있었음에 틀림없다. 그리고 그는 모든 이야기에서 발생한 일을 적절하게 묘사하는 표현 양식을 찾아낸다. 그의 느낌은 언어에서 드러난다. 루가는 그것이 어떤 느낌인지 말할 필요가 없다. 그의 언어는 그가 각 사건들이나 예수의 말씀을 듣고 나오는 느낌들을 표현한다.

　루가 덕분에 우리는 엠마오 이야기 같은 환상적으로 아름다운 성서 이야기와 잃었던 아들 이야기와 약은 청지기 이야기 같은 아름다운 비유들을 알고 있다. 루가는 독자를 매료시킬 줄 안다. 이 능력은 그가 받은 교육뿐 아니라 아름다움과 인성에 대한 그의 감각을 드러내 준다. 그는 인간에 대한 감각을 가지고 있다. 루가는 자기가 묘사하는 사람을 사랑한다. 그는 글쓰기를 통해 등장인물과 관계를 맺는다. 그는 자신의 두 작품을 책상에서 구상하지 않고 이미 독자들과의 관계에서 작품 구상이 이루어진다. 루가는 글을 쓸 때 독자를 앞에 두고 그와 대화를 시작한다. 그는 독자를 예수께 안내하고 싶다. 물론 그 방법은 매끄러운 학술적 근거 제시가 아니라 마음을 감동시키는 이야기다. 그 자신 예수의 형상에 감동받고 매료된 사람만이 그렇게 글을 쓸 수 있다.

그러나 루가에게 중요한 것은 예수의 형상뿐 아니라 궁극적으로는 예수 그리스도에게서 이루어지는 하느님의 행적이다. 근원적인 행위자는 하느님이다. 루가는 하느님의 위대한 행적을 선포하고자 한다. 그는 하느님에 대하여 추상적으로 말하지 않고 인간에게 역사하시는 하느님의 행위를 이야기한다. 하느님은 역사적인 작용을 통하여 보여지고 경험된다. 이렇게 루가는 자신의 이야기에서 당신의 창조 세계와 역사에서 자신을 보여 주시는 볼 수 없는 하느님의 이미지를 그린다.

언어는 한 사람의 마음을 보여 준다. 루가의 언어

는 우리에게 그가 배운 사람일 뿐 아니라 의사요 화가라는 것을 알려 준다. 그의 언어는 우리에게 사람들을 위하는 마음을 가지고 있는 한 사람, 사람들을 삶으로 인도하고자 하는 한 사람, 사람들에게 이 세상에서 의미 있게 살 수 있는 길을 알려 주고 싶어 하는 한 사람을 보여 준다. 그리고 루가의 언어는 미학적인 한 사람, 아름다움에 대한 감각을 지닌 한 사람을 보여 준다. 루가는 이야기를 긴장감 넘치게 할 줄 안다. 그는 작품의 전체 구성에 대한 감각을 가지고 있다. 그는 포괄적인 구도를 가지고 있지만 글을 단순하게 쓴다. 그는 분명히 배웠을 그리스 수사학의 설득 기술을 거부한다.

루가는 자신의 글쓰기 양식을 각 상황에 맞춘다. "루가는 마리아의 생각이나 걱정을 어머니의 언어로 표현할 줄 알고, 세례자 요한의 출발 시점은 화려하게, 실패한 고기잡이는 전문 용어로, 예수의 거룩한 변모는 신비스럽게, 로마에서 있었던 바울로와 유다인들 간의 논쟁은 논쟁적으로, 성령 강림 후에 행해진 사도들의 계명과 태도는 하나의 성화聖畵처럼 교계적으로, 자캐오와의 만남은 선명하고 감동적이며 거의 순진하게, 바울로가 탄 배의 극적인 난파는 소설같이, 베드로의 선교 설교는 교회적으로 복음 선포하듯이, 회당에서 행해진 바울로의 주석적인 설교는 사유思惟의 진행상 유다적으로, 사도의 변호 설교는 수사학적·법적으로 묘사할 줄 안다"(Bovon 16). 이렇게 루가의 언어는 타고난 작가적 재능을 보여 줄 뿐 아니라, 각 상황에 감정을 이입할 줄 알고, 자기가 묘사하는 인물들과 공감할 줄 알며, 삶에 투신할 줄 알고, 충만한 삶에 대한 강한 갈망을 지닌 한 사람을 보여 준다. 루가가 우리의 역경과 갈망을 향해 예수의 이야기를 얼마나 멋지게 하는지 이제 구체적으로 몇 가지 선정한 예를 통해서 보여 주고 싶다.

예수의 유년기 이야기

"루가는 의심할 나위 없이 이른바 이야기 신학의 탁월한 대표자다"(Ernst 34). 이렇게 성서 주석가 요셉 에른스트는 평가했다. 루가는 하느님 아들의 출생을 묘사함으로써 예수가 하느님 아들이라는 신비를 이야기한다. 신학이 사유思惟가 아니라 이야기를 통해서 이루어진다. 그리고 루가는 뛰어난 이야기꾼이다. 그는 이 사실을 예수의 유년기 이야기에서 보여준다. 그가 여기서 어떤 전승과 자료를 이용했는지 우리는 분명하게 알 수 없다. 그러나 루가가 그런 자료들을 어떻게 다루었는지, 그것들을 얼마나 예술적으로 정리했는지 우리는 볼 수 있다. 루가는 예수의 출생을 세례자 요한의 출생과 함께 엮었다. 그것도 예수가 세례자를 뛰어넘고, 세례자는 전 존재를 통틀어 예수를 향하도록 엮었다. 루가는 요한과 예수를 서로 마주보도록 세운다. 요한은 심판을 설교하고, 예수는 하느님의 은총에 대한 기쁜 소식, 소식을 듣는 모든 이들은 기쁨으로 충만해지는 하느님의 매력에 대한 기쁜 소식을 설교한다.

루가는 여기서 '겹장으로 이루어진 양식에 따라' (Ernst 35) 두 개의 겹그림을 그렸다. 여기서 루가는 또다시 자기가 화가라는 것을 보여 준다. 그가 이야기를 하면 그림들이 생긴다. 루가는 자신의 그림들을 이용하여 그동안 숨겨져 있던 하느님 역사의 새로운 차원을 가리킨다. 그 첫째 그림은 두 가지 출생 예고에 대한 그림이다. 그리고 둘째 그림은 세례자 요한의 출생과 예수의 출생을 이야기한다. 두 가지 그림 다음에는 일어난 사건에 대한 묵상이 이어진다. 루가는 두 가지 출생 예고 다음에 우리에게 마리아의 엘리사벳 방문에 대하여 이야기한다. 두 가지 출생에 대한 이야기 다음에는 예수에 대한 시므온과 안나의 증언 그리고 성전에 있는 열두 살 된 예수에 대한 이야기가 이어진다. 이 두 가지 그림에서 새로 태어난 아기의 신비가 밝혀진다. 민족들은 예수의 출생에 대하여 루가가 우리에게 창작해 준 그림들을 계속 발전시켰다. 각 시대마다 하느님의 아들이 인간이 되신 신비를 그 시대의 방식으로 해석하는 새로운 성탄 그림들이 생긴다. 하지만 이 모든 그림들의 뿌리는 루가가 우리 앞에 내놓는 감동적인 그림들에 있다.

천사가 마리아에게 기쁜 소식을 전하다

늙은 노인이자 사제인 즈가리야는 천사 가브리엘의 소식에 대하여 의심하는 반응을 보인다. 젊은 여인, 나자렛 출신의 순수한 소녀 마리아는 천사를 믿는다. 여기서 또다시 대립이 나타난다. 우리 안에는 '믿음'과 '의심'이라는 양극이 다 있다. 루가는 마리아가 어떻게 믿음 쪽을 더 신뢰하는지 보도록 우리를 초대한다. 마리아는 하느님의 은총을 받았다. 하느님은 마리아를 보고 기뻐하시고 그래서 그녀에게 당신의 사랑스런 관심을 주신다. 천사가 마리아에게 약속하는 것은 우리에게도 유효하다. 하느님은 우리에게도 호감을 가지고 계시다. 그러나 우리는 그에 대하여 반응하지 않는다. 마리아는 하느님의 은총을 받아들인다. "보십시오, 주님의 종입니다. 말씀대로 저에게 이루어지기 바랍니다"(루가 1,38). 여기서 마리아는 자신을 이스라엘 백성의 대리자로 본다. 이스라엘이 하느님의 뜻을 거부한 데 반해 마리아는 하느님의 뜻을 이스라엘 백성을 대표하여 채우게 될 것이다. 루가는 이 말씀을 통해 그가 여자로서의 마리아를 얼마나 높이 평가하는지 보여 준다. 그녀는 남자 즈가리야와 달리 하느님의 말씀을 받아들이고 그 말씀을 신뢰한다. 한 여자가 이스라엘 백성의 대표자가 된다. 그녀가 하느님의 말씀을 받아들였기 때문에 백성에게 구원이 선사될 것이다. 구원 행위의 주체는 하느님이시다. 그러나 하느님께서 자신에게 작용하시도록 자신을 내드릴 것인지 그것은 인간의 결정에 달려 있기도 하다. 마리아는 하느님께서 자신의 개인적인 삶에 작용하시도록 문을 열어 드렸다. 이것은 인류 전체에게 영향을 주었다.

마리아는 출생 예고 장면에서 동정녀로 그려진다. 그리고 예수의 출생은 동정 출산으로 묘사된다. 이에 대하여 성서 주석가들과 신학자들은 수많은 생각을 했다. 거룩한 남자가 동정 출산으로 이 세상에 태어난다는 모티프는 유다 영역이나 그리스 및 이집트 전통에 잘 알려져 있었다. 이미 유다 철학자 필로는 이사악의 출산을 동정 출산으로 보았다. 그리고 그는 영혼과 하느님 사이에 이루어지는 황홀한 일치에 대하여 말한다(Bovon 66 참조). 이집트의 태양신 예배에서 사람들은 12월 24일에서 25일로 넘어가는 밤에 태양의 출산을 기린다. 그때 공동체는 이렇게 외친다. "처녀가 빛을 낳았습니다. 빛은 계속 커집니다"

(Bovon 68). 하느님께서 이집트의 왕(파라오)을 낳았다고 사람들은 상상했다. 이집트 태양신 예배와 신적인 출산에 대한 그리스적 상상 속에 들어 있는 이 모든 요소들은 이미 유다교 내에도 널리 퍼져 있었다. 이렇게 루가는 한편으로는 유다교 전통을 널리 알리고, 다른 한편으로는 그리스인들의 갈망에 화답한 것이다. 루가는 탄생 예고에 대한 이야기를 이용하여 메시아 어머니의 동정성과 메시아의 위대함과 하느님 아들임, 그의 영원한 통치와 성령을 통한 임신을 이해시킬 수 있다(Bovon 69 참조).

동지와 하지가 6개월의 간격을 두고 이어지는 것처럼 예수께서는 요한의 탄생 후 6개월이 지난 다음에 태어난다. 예수의 탄생으로 하느님 은총의 태양이 우리가 살고 있는 차가운 세상 위에 밝게 비친다. 오늘날 많은 신학자들이 서로 다른 종교들 간의 대화를 요청하는데, 루가는 이미 그 당시 완벽한 방식으로 종교 간의 대화를 한 것이다. 그는 서로 다른 종교적인 방향을 취합한 다음 이런 전통들을 배경에 두고 예수의 신비에 대한 복음을 다른 종교·문화적 배경을 가지고 있는 모든 사람들이 이해할 수 있도록 이야기했다.

하지만 루가는 이런 신화적인 모티프들과 마리아를 통해 묘사하고 있는 신뢰하는 믿음이라는 인간적인 모티프를 연결한다. 마리아는 믿음의 원형이자 모범이 된다. 마리아는 천사를 받아들인다. 그녀는 물론 천사의 인사말에 깜짝 놀란다. 그러나 마리아는 마음의 문을 닫아걸지 않고 천사가 그녀에게 궁극적으로 말하고자 한 것이 무엇인지 곰곰이 생각한다. 천사는 그녀에게 "지극히 높으신 분의 아드님이라 불리실"(루가 1,32) 아들을 잉태할 것이라는 소식을 전한다. '지극히 높으신 분'이라는 말은 그리스 유다교에서 하느님을 일컬을 때 즐겨 사용하는 표현이다. 천사는 마리아에게 임신이 어떻게 이루어지는지 설명한다. "성령이 내려오실 터이니, 지극히 높으신 분의 힘이 감싸 주실 것이오"(루가 1,35). 성령 자체가 처녀를 잉태시킬 것이다. 그것은 예수의 동정 출산만을 설명하는 것이 아니다. 성령이 처녀를 잉태시킨다는 것은 또한 우리 삶에 대한 그림이다. 우리가 맺을 수 있는 고귀한 열매는 우리 자신에게서 나오지 않는다. 그것은 또한 다른 사람들을 통한 결실에서도 나오지 않고 성령에 의해 열매를 맺는 것이다. 믿는 여인, 마리아는 여기서 그리스도인들을 위한 모범이다. 하느님은 당신 성령을 통하여 우리 안에서도 새로운 것을 창조하고자 하신다. 우리는 우리 자신에 대하여 너무 작게 생각해서는 안 된다. 우리는 마리아처럼 하느님께서 우리 안에서 위대한 일을 하시고 우리를 통해서 작용하실 수 있다고 신뢰해야 한다. 왜냐하면 "하느님께는 안 될 일이"(루가 1,37) 없기 때문이다. 진정한 믿음은 우리가 하느님께 어떤 한계도 정하지 않는 데 있다. 하느님께는 불가능한 것이 없다. 하느님은 이 세상에서 불가능한 것을 가능하게 하시기 위하여 나자렛의 작은 소녀, 처녀 마리아를 선택하신다. 그분은 우리를 통하여 이 세상에서 구원과 치유의 위대한 업적을 이루시기 위하여 약하고 한계가 있는 우리도 선택하신다. 그리스도께서는 우리 안에서도 형상을 취하고 싶으시다. 하지만 이를 위한 전제 조건은 우리가 마리아처럼 말하는 것이다. "보십시오, 주님의 종입니다. 말씀대로 저에게 이루어지기 바랍니다"(루가 1,38).

마리아와 엘리사벳의 만남

루가는 요한의 탄생과 예수의 탄생을 묘사하기 전에 마리아와 엘리사벳의 만남에 대한 매우 아름다운 이야기를 우리에게 해 준다. 그는 이 이야기를 이용하여 한편으로는 요한의 탄생을 예수의 탄생과 연결시키고, 다른 한편으로는 일어난 일의 의미를 해석한다. 마리아는 모든 여인들보다 더 축복을 받은 여인이다. 왜냐하면 주님을 자신 안에 품고 있기 때문이다. 루가가 우리에게 이야기해 주는 것은 두 여인의 만남에 대한 환상적으로 아름다운 이야기다.

열두 살 혹은 열네 살 된 소녀가 길을 떠나 유다 산골 고을로 서둘러 간다. 보통 4일이 걸리는 길이다. 혼자 이 길을 가겠다고 나선 것을 보면, 마리아는 이미 자의식이 있는 여인이었음에 틀림없다. 탄생 예고를 통한 하느님 체험이 그녀의 마음을 움직이게 했던 것이다. 엘리사벳도 감격한다. 마리아가 그녀를 찾아와 인사하자 그녀의 태중에 있던 아기가 펄쩍펄쩍 뛰논다. 엘리사벳은 자신 안에 자라고 있는 새로운 생명을 느낀다. 그리고 그녀는 성령으로 충만해진다. 그녀는 마리아의 임신이 무엇을 의미하는지 알아보는 예언자가 된다. 이 아름다운 이야기가 말하고자 하는 것은 그 당시에 일어난 사건만이 아니다. 이 이야기에 묘사되는 장면은 모든 깊은 인간적 만남의 원형이다. 모든 만남에서 관건은 다른 사람에게서 그리스도의 신비를 발견하는 것이다. 인간은 누구나 자신 안에 그리스도를 품고 있다. 우리가 그것을 이해하면 우리 안에 있는 아기는 기뻐서 펄쩍펄쩍 뛰놀 것이다. 그러면 우리는 다른 사람의 신비와 우리 자신의 신비를 발견하게 된다. 우리는 우리 안에 있는 아기와 만나게 된다. 그런 만남이 가능해지려면, 우리는 마리아처럼 지금 자리에서 일어나 길을 떠나야 한다. 우리는 다른 사람에게 도달하기 위해서 자신의 두 발로 일어서야 한다. 그리고 우리는 다른 사람을 있는 그대로 보기 위해서 험한 산, 선입견과 편견의 산을 넘어가야 한다.

엘리사벳은 "주님께서 그녀에게 하신 말씀이 이루어지리라고 믿은"(Bovon 80) 마리아를 찬양한다. 여기서 루가는 자기 복음에서 딱 한 번 '실현, 이루어짐'(*teleiosis*)이라는 단어를 사용한다. 예수의 탄생은, 하느님이 구약성서 내내 해 주신 모든 약속의 실현이다. 하느님이 인간에게 약속하신 모든 것이 예수 탄생 안에 집약되어 있다. 하느님은 당신 백성을 모든 역경에서 구해 주실 것이고, 당신 백성에게 생명의 길을 가르쳐 주시며, 당신 백성을 종살이에서 구원하시고, 당신 백성의 모든 상처를 치유해 주신다는 것을 예수에게서 보여 주신다. 각각의 약속을 예수 탄생과 연관시키는 것이 관건이 아니라 예수에게서 구약 전체를 통틀어 하신 하느님 약속의 실현을 보는 것이 관건이다. 엘리사벳은 마리아에게서 믿는 여인, 우리 믿음의 모범을 본다. 하느님은 우리에게 약속하신 것을 우리에게서도 실현하실 것이다. 우리가 마리아처럼 그분의 말씀을 신뢰하면, 그분은 우리에게서도 위대한 일을 하실 것이다.

마리아는 찬미가로 하느님을 찬양하는데, 루가는

이 찬미가를 우리의 노래도 될 수 있도록 구성했다. 마리아는 「마리아의 노래」(마니피캇)에서 그녀가 예수 탄생 예고에서 체험한 사건, 예수 탄생에서 완성될 사건의 의미를 해석한다. 마리아는 여기서 이스라엘을 대표하는 여인이고, 예수 탄생에서 권리를 되찾게 될 모든 가난한 이들과 비천한 이들의 목소리이기도 하다. 하느님은 예수 탄생을 통해 권세 부리는 자들을 권좌에서 내치시고 가난한 이들을 들어올리신다. 해방신학은 오늘날 「마리아의 노래」가 가난한 이들을 위한 희망의 노래라는 것을 새롭게 발견했다. 여성신학자들은 「마리아의 노래」를 여성을 위한 해방의 노래로 본다. 해방신학과 여성신학은 루가 복음 저자의 중요한 관심사를 읽어 내는 것이다. 왜냐하면 루가는 가난한 이들의 변호인이기도 하고 여인들의 변호인이기도 하기 때문이다. 누구나 이 찬미가를 자신을 위해 노래할 수 있고, 그럼으로써 자신의 초라함도 보시고 자기에게 위대한 일을 하신 하느님을 찬미할 수 있다. 이 찬미가에는, 하느님은 우리의 모든 가치척도를 무너뜨리시고, 우리 내면의 비천한 것을 들어올리시며, 우리 내면의 굶주린 것을 충족시켜 주신다는 내용이 표현되어 있다.

예수 탄생

루가가 이야기하는 예수 탄생 이야기를 읽고 아무런 느낌이 없는 사람은 없을 것이다. 루가는 세 가지 이야기를 예술적으로 엮었다. 호적 등록에 관한 이야기와 예수 탄생에 관한 이야기 그리고 천사가 목자들에게 구세주 탄생을 알려 주는 이야기가 그것이다. 오늘날 성서 주석가들은 그 당시 나라 전체의 세금을 계산하는 일은 없었고 오직 각 지역에서만 그런 일이 있었다는 것에 인식을 같이한다. 루가는 단순히 역사적인 사실들을 나열하지 않고 그것들의 의미를 해석한다. 그는 예수 탄생을 아우구스투스 황제의 정치 세계와 연관시키는데, 그것은 예수야말로 진정한 평화의 왕이라는 것, 많은 기록들이 아우구스투스 황제에 대하여 말하는 것처럼, 그가 구원을 가져다주는 것이 아니라 가난한 아기로 마구간에서 태어난 예수가 구원을 가져올 것이라는 것을 보여 주기 위함이다. 팔레스타인의 작은 마을에서 이루어진 탄생이 온 세상에게 구원의 의미를 지니고 있다. 예수께서는 진정한 구원자이고 주님이시다. 자신을 평화의 황제로 자처하는 아우구스투스가 참평화를 가져다주는 것이 아니라 예수께서 그것을 가져다주신다. 루가는 자신의 이야기를 통하여 황제의 통치

이데올로기와 아울러 호적 등록을 거부하는 열성당원들의 '정치신학'도 비판하는 것이다. 마리아와 요셉은 황제의 명령에 복종한다. 정치·사회적인 현실 상황과 관계의 몰락은 무력과 외적인 힘으로 일어나지 않고 안에서부터 일어난다. 하느님은 예수에게서 이 역사에 개입하셨다. 역사 내의 예수에게서 빛나는 평화는 역사적이고 정치적인 파장을 가지고 있다. 그리스도인들은 온 세상에 그리스도의 평화를 전해야 한다고 루가는 생각한다. 예수의 이야기는 그리스도인들을 통해서 세계 역사에서 치유와 평화의 작용을 해야 한다. 하느님의 평화는 예수의 이야기에서 드러나고 예수를 통해 전 세계 역사로 퍼져 나가고자 한다.

마리아와 요셉은 베들레헴을 향해 길을 떠난다. "거기 머무는 동안 해산할 날이 차서 첫아들을 낳아, 아기를 포대기에 싸서 구유에 누이었다. 방에는 들어갈 데가 없었기 때문이다"(루가 2,6-7). 여행 중이던 요셉과 마리아를 위해서는 여관에 자리가 전혀 없었다. 여기서 '여관'이란 개인 집에 딸려 있는 방인데 일반적으로 여행하는 사람들이 투숙할 수 있었던 공간이다. 하지만 집에는 공간이 전혀 없었다. 그래서 요셉과 마리아는 집 지하에 있는 작은 굴, 벽에 구유가 붙어 있는 지하 굴로 내려가야만 했다. 예수께서 태어나신 곳은 지극히 초라한 공간이었다. 루가는 예수의 가난하고 초라한 탄생에서 당신 백성에게 하신 하느님 약속의 실현을 본다. 이것은 목동들의 이야기에서 더욱 선명하게 드러난다.

이스라엘은 자신을 유목민이라고 생각한다. 예수 탄생에 관한 복음이 백성 중에 가난한 이들의 대표인 목동들에게 가장 먼저 선포된다. 하지만 이 장면에는 분명히 그리스적인 모티프도 들어 있다. 그리스인들은 목동들이 왕족의 갓난아이를 발견하는 이야기를 알고 있다. 루가는 유다인들과 그리스인들 양쪽 모두에게 기쁜 소식이 되도록, 그들의 정신적인 지평 안으로 울려 퍼지고 그들의 깊은 갈망을 채워 주는 기쁜 소식이 되도록 복음서를 쓴다. 천사가 목동들에게 다가간다. 천사와 함께 하느님의 영광이 나타나 목동들을 환하게 비춘다. 밤, 인간의 마음에 있는 어둠은 하느님의 빛으로 변모된다. 천사는 목동들에게 큰 기쁨을 선포한다. 여기서 루가는 '에우앙겔리조마이'*euangelizomai*라는 그리스어를 사용한다. 이 단어는 황제의 메시지를 가리킬 때 쓰이는 단어다. 그러나 이 단어는 구약성서에도 뿌리를 두고 있다. 하느님은 이 단어로 인간에게 당신의 메시지를 말씀하신다. 루가는 모든 단어를 의식적으로 사용한다. 그는 유다인들과 그리스인들이 모두 이해할 수 있는 단어를 선택하는 기술을 가지고 있다. 예수 탄생에서 구약성서의 약속이 실현된다는 것은 유다인들에게 자명하다. 그리스인들에게 그 말은 "반황제적인 절정"(Bovon 125)이다. 예수 탄생에 대한 선포는 사람들에게 황제의 약속이 아니라 참기쁨을 가져다준다.

천사가 선포하는 메시지의 내용은 다음과 같다. "오늘 다윗의 고을에 구원자가 태어나셨으니, 곧 주님 그리스도이시오"(루가 2,11). 루가는 여기서 예수의 신비를 설명하기 위하여 세 가지 개념을 사용한다. 그리고 그것들은 또다시 유다인들과 그리스인들에게 같은 방식으로 전달될 수 있는 개념들이다. '소테르' *soter*(구원자)라는 말은 칠십인역 성서에서 '하느님의 작용'을 가리킨다. 그리스-로마 세계에서 사람들은 황제들과 철학자들 그리고 의사들을 '구원자'라고 불렀다. 아우구스투스 황제는 구원자로 불렸다. 그러나 예수께서는 이 모든 인간적인 구원자들을 뛰어넘는다. 그분은 메시아, 즉 하느님께서 기름을 부은 분이시다. 진정한 구원자는 유다교에서 나오는 메시아이시다. 이 메시아는 하느님의 약속을 실현하신다. 그분은 당신 백성을 억압과 종살이에서 해방시키신다. 메시아라는 유다교 개념은 여기서 '구원자와 주님'이라는 두 개의 그리스 칭호 사이에 있다. '키리오스'*kyrios*(주님)는 그리스인들이 황제에게 붙이는 칭호다. 칠십인역 성서에서 하느님은 유일한 주님이시다. 예수께서는 둘 다를 아우르신다. 그분은 하느님으로부터 오신 분이고 또한 하느님의 아들이시다. 그러나 그분은 동시에 온 세상에 평화와 구원을 지속적으로 가져다주는 주님이시다.

루가는 이 세 가지 개념을 절묘하게 서로 연결함으로써 예수 그리스도에게서 이루어진 하느님의 인간되심의 신비를 묘사한다. 루가는 그 신비에 대하여 사유하는 것이 아니다. 그는 이야기를 통하여 이 예수가 누구인지 표현한다. 우리는 예수의 하느님 아들이심에 대한 대부분 이해할 수 없는 신학적 토론을 듣기보다 하나의 이야기를 듣는 것을 더 좋아한다. 우리는 예수 탄생에 대한 이 감동적인 이야기에서 예수의 신비를 예감한다. 그분은 온전한 인간이지만 하느님에게서 오셨다. 예수께서는 온 세상이 갈망했던 구원자이시다. 루가는 이 이야기에서 하늘과 땅, 인간의 갈망과 하느님의 작용을 연결한다. 루가가 예수 탄생에 대하여 이야기하는 방식으로 예수께서는 우리 안에 천사가 선포한 기쁨을 불러일으키신다. 신적인 것이 인간의 언어를 통하여 볼 수 있고 이해될 수 있게 된다.

여기서 처음으로 '오늘'이라는 말이 등장한다. 루

가는 이 말을 자신의 복음서에서 일곱 번 사용한다. 우리가 루가의 이야기를 읽으면, 그 당시에 일어난 일이 오늘 우리에게 일어난다. 루가가 우리에게 묘사해 주고 있는 '연극'(Schauspiel)에 우리는 오늘 참여한다. 우리는 말씀들로 우리 눈앞에 그려지는 것을 본다. 그리고 우리는 봄으로써 본 것과 하나가 된다. 그 말씀들이 전례에서 우리에게 선포되고, 우리가 전례에서 그 사건으로 빠져들면, 그리하여 우리가 '봄'(Schauen)과 '놀이'(Spielen) 안에서 변모되어 집으로 돌아간다면, 우리는 그 사건의 증인이 되고, 하느님께서 하시는 연극 놀이의 관객이 되는 것이다. 루가는 '오늘'이라는 말을 우리의 모든 갈망과 연결시킨다. 목동들이 그 당시 체험했던 것이 오늘 우리에게 일어날 것이다. 오늘 우리의 갈망은 채워질 것이다.

메시지를 선포하는 천사 외에 하느님을 찬양하고 노래하는 천사들의 무리가 등장한다. "지극히 높은 곳에서는 하느님께 영광, 땅에서는 사랑받는 사람들에게 평화!"(루가 2,14). 예수 탄생을 통하여 하늘과 땅이 서로 하나가 된다. 하느님의 영광이 높은 곳에서 나타난다. 그리고 낮은 곳, 땅에서는 예수에게서 하느님의 평화가 나타난다. 이것은 역설이다. 한 아기가 외양간에서 태어남으로써 하늘에는 하느님의 영광이 천사들 앞에 밝게 빛난다. 땅에 나타난 하느님 영광의 반사 빛은 평화다.

'에이레네'*eirene*(평화)는 여기서 전쟁과 싸움의 제거뿐 아니라 하느님께서 이루시는 구원을 의미한다. '샬롬'*shalom*이라는 히브리 말은 인간이 본디 그래야 하는 그런 상태를 의미한다. 하느님은 예수 탄생에서 인간을 당신께서 본디 생각하셨던 모습으로 다시 회복시키신다. '에이레네'라는 그리스 말은 안정, 고요한 마음을 뜻한다. 하느님이 인간이 되시면, 인간은 불안한 마음에서 안정된 마음으로 변한다. 그때 그의 갈망은 실현된다.

그리고 '에이레네'는 조화를 가리키기도 한다. 모든 것이 하나가 된다. 예수 탄생에서 하느님과 인간이 하나 되고, 하늘과 땅이 하나 된다. 하느님과 인간 사이, 정신과 물질 사이, 천사들과 인간들 사이에 조화가 이루어진다. 이 평화와 안정 그리고 조화가 하느님의 마음에 드는 사람들에게 약속되었다. '에우도키아'*Eudokia*(마음에 듦)는 하느님의 마음에 듦, 인간을 향한 하느님의 애정 깊은 움직임을 의미한다. 그것은 '하느님의 인정을 받아서 마음에 들었음'(Schürmann 115)이 아니라 인간에 대한 하느님의 좋은 의지를 표현한다. 이 말에서 '매우 애정 깊은 모습으로 각인된'(Bovon 129) 루가의 하느님 이미지가 드러난다. 하느님께서는 당신 사랑의 행위를 통하여 인간에게서 사랑의 반향을 불러일으키시기 위하여 예수 탄생에서 인간에게 당신 사랑을 보여 주신다. 하느님께서는 이미 인간과 관계를 맺고 계셨고, 당신 아들의 탄생을 통하여 이 관계를 더욱 심화하고 싶다는 것을 '에우도키아'는 표현한다.

천사들의 찬양을 듣고 목동들이 구유에 누워 있는 아기를 보기 위하여 발길을 재촉한다. 목자들과 마리아는 예수 탄생에서 이루어진 하느님의 인간 방문에 대하여 우리가 믿음으로 응답해야 할 바로 그 믿음의 모범이다. 목자들은 천사가 그들에게 약속한 것을 본다. 그리고 그들은 자기들이 들었던 그 말을 통하여 일어난 일의 의미를 해석한다. 마리아는 일어난 사건을 이해하기 위하여 그 말들을 마음에 간직하고, 그 말들의 의미를 풀이한다. 하지만 그것은 지적인 이해가 아니라 느낌의 차원에서 진행되는 하느님의 작용에 대한 선명하고 올바른 해석을 위하여 마음 안에서 이루어지는 하느님 말씀의 움직임이다. 우리는 그렇게 예수 탄생 이야기를 우리 마음속에 간직해야 할 것이다. 우리는 우리 느낌이 예수 탄생에서 역사 안으로 들어와 우리 모두에게 나타난 하느님 사랑의 신비 안으로 빠져 들어갈 때까지 그 이야기를 이리저리 살펴보아야 할 것이다.

시므온과 안나

목자들과 마리아만이 하느님의 아들이신 예수 그리스도를 믿는 마음으로 받아들이는 자세의 모범은 아니다. 이야기꾼인 루가는 그리스인들뿐 아니라 유다인들도 좋아하는 또 다른 중요한 모티프를 전수한다. 그것은 비록 늙었지만 무엇인가 특별한 것을 경험하는 노인의 모티프다. 루가는 하느님께서 몸소 주관하시는 사람들 간의 만남을 좋아한다. 그런 만남에서 인간을 위한 하느님의 신비가 체험된다. 그리스 사람인 루가에게 인간을 위한 하느님의 신비는 늘 남자들과 여자들의 만남이다. 남자와 여자는 함께 사건을 경험하고 그 속에서 하느님의 작용을 인식한다. 하지만 하느님의 신비는 이 역사 안에서 드러나는 남자와 여자의 양극성만이 아니다. 그것은 예수께서 당신 어머니에게 주실 법과 복음, 기쁨과 슬픔, 영광과 고통의 대립이기도 하다. 마리아를 기다리고 있는 세상은 평온한 세상이 아니다. 하느님의 기름부음 받은 자이신 당신의 아들에 대한 기쁨 속으로 그 아들이 겪게 될 운명에 대한 아픔이 스며든다. 여기서 루가는 우리 마음의 양극성을 보여 준다. 우리 역시 하느님을 우리의 마음을 기쁘게 해 주시는 분으로 경험하지만, 우리 안에서 모순을 불러

일으키고 우리에게 고통스러운 변화를 요구하시는 이해하기 힘든 분으로 경험하기도 한다.

마리아와 요셉은 아이를 주님께 봉헌하기 위하여 예루살렘으로 데려감으로써 모세의 법을 지킨다. 하지만 이 법은 그리스도에게서 드러난 하느님 은총으로 넘어가는 과정일 뿐이다. 예식이 진행되는 중간에 놀라운 일, 즉 시므온과 안나의 만남이 이루어진다. 루가는 율법과 은총의 관계에 대해 사유하지 않고 이야기로 표현한다. 이 이야기는 수많은 사람들의 심금을 울렸다. 오리게네스Origenes는 이 성서 본문에 대해서만 네 번이나 설교했다. 그 정도로 이 이야기에 매료되었다. 루가는 시므온이 찬미가에서 노래하는 예수의 신비에 대해서만 이야기하지 않는다. 그는 우리에게 시므온을 하나의 모범으로도 제시한다. 시므온은 죽음을 목전에 둔 상태에서 감사하는 마음으로 자신의 일생을 돌아보는 사람의 전형이다. 왜냐하면 우리 그리스도인들은 이 세상을 떠날 때 시므온처럼 고백할 수 있기 때문이다. "주재사님, 당신 말씀대로, 이제야 당신 종을 평안히 풀어 주시나이다. 과연 제 눈으로 당신 구원을 보았사오니, 이는 친히 모든 백성 앞에 마련하신 바 …"(루가 2,29-31).

루가는 찬미가 다음에 시므온의 마음 안에 있는 모순, 우리 모두의 마음 안에 있는 모순을 묘사한다.

예수께서는 우리에게 평화와 빛이기도 하지만 칼과 고통이기도 하다. 마리아의 마음은 칼로 관통될 것이다. 마리아는 예수의 고통에 동참할 것이다. 예수께서는 구원뿐 아니라 심판도 가져다주신다. 그분을 통하여 사람들의 생각이 드러날 것이다. 그러면 인간이 하느님과의 관계에서 자신을 얼마나 폐쇄하고 있는지 드러날 것이다. 루가는 빛과 고통 사이의 이 긴장을 통하여, 그가 단순한 이야기를 묘사하는 것이 아니라 그리스 비극과도 같은 하나의 비극을 묘사하고 있다는 사실을 암시하고 있는 것이다. 그리스 비극은 다양한 정서를 통하여 인간의 감정을 건드리고 정화한다는 의미를 가지고 있다.

시므온 곁에 안나가 등장한다. 시므온이 의롭고 경건한 남자로 묘사되는 데 비해 안나는 예언녀로 불린다. 루가가 이해하는 믿음은 결코 남자만으로 표현될 수 없다. 남자의 건너편에 예수를 믿음으로 받아들이는 자세의 다른 측면을 표현하는 여자가 항상 배치되어야 한다. 루가는 남자를 의롭고 경건하다고 서술했다. 그에 비해 루가는 여자의 특성을 그녀가 살아온 삶의 역사와 현재의 행위를 묘사함으로써 밝혀 준다. 이것은 서술과 이야기 사이를 왕래하는 작가의 기법이다. 안나는 여성으로서 경험할 수 있는 인생의 모든 단계를 다 거쳤다. 처녀 시절과 결혼한 아내 그리고 과부! 그는 기도하는 여성이다. 그는 늘 성전에 머무른다. 그리고 그는 예언녀. 안나는 깊이 본다. 그는 하느님께서 예수를 통해 행하시는 것을 볼 수 있는 눈이 있다. 예수에게서 경건한 이스라엘인들이 갈망하는 구원이 모든 사람들을 위해 실현될 것이다. 그때 사람들은 종살이와 소외로부터 해방될 것이다. 그때 사람들은 하느님께서 인간을 창조하실 때 생각하셨던 그 모습대로 자유로운 인간이 될 것이다.

시므온과 안나를 만난 다음 요셉과 마리아는 예수와 함께 예루살렘을 떠나 그들의 고향, 나자렛의 일상생활로 돌아온다. "아기는 자라면서 지혜로 가득 차서 튼튼해지고 하느님의 총애를 받았다"(루가 2,40). 루가는 '카리스'*charis*(은총)라는 말을 좋아한다. 그는 이 말을 그리스적 의미로 사용한다. "카리스는 기쁨을 주는 무엇이다. 카리스는 매력이고 우아함이며 고상함이고 기분 좋은 무엇이다. 그것은 우아함과 아름다움 그리고 믿스러움에서 나오는 기분 좋은 무엇이고 신나는 무엇이다. 이런 의미에서 카리스는 그리스인들의 전형적인 삶의 기분을 표현해 준다"(Schillebeecks 93). 예수께서는 자랄 적에 지혜와 편안함, 아름다움과 우아함을 지니고 있어서 모든 이의 마음에 들었다.

그러나 루가는 성장기 예수에 대한 이런 이상적인 이미지에 이어 곧바로 반대 극을 배정한다. 예수는 사랑스럽고 돌보기 쉬운 아이가 아니다. 루가는 열두 살 되어 성전으로 간 예수에 대한 이야기에서 첫 번째 가족 내의 갈등을 묘사한다. 예수는 독립한다. 그는 부모와 함께 예루살렘을 떠나지 않는다. 그들이 사흘 동안 예수를 찾아 헤맨 다음 성전에서 그를 발견했을 때, "예수는 율법 교사들 가운데 앉아서 듣기도 하고 묻기도 하고 있었다"(루가 2,46). 마리아의 말에서 비난의 목소리와 아들 때문에 겪었던 고통이 함께 느껴진다. "애야, 우리한테 이게 무슨 짓이냐? 보아라, 네 아버지와 내가 애타게 너를 찾았단다"(루가 2,48). 예수의 대답을 부모는 알아듣지 못한다. 예수는 하느님을 자기 아버지라고 부른다. 예수는 자기 부모가 아니라 그 아버지에게 속한다. 예수는 여기서 루가 복음에서 처음으로 당신 아버지이신 하느님에 대하여 말한다. 부모는 당신 아이의 낯섦을 받아들여야만 한다. 루가가 여기서 묘사하는 것은 평화로운 가족이 아니라 우리 모두가 잘 알고 있는 갈등이 있는 가족이다. 자녀들의 마음이 부모의 마음과 다르기 때문에 겪는 고통, 자녀를 떠나보내야 하는 고통, 자녀의 길을 이해하지 못하는 데서 오는 고통, 이 모든 갈등과 고통을 지니고 있는 가족을 루가는 묘사하고 있다. 그러나 사춘기의 갈등에 이어 루가는 다시 예수의 이상적인 모습을 그린다. "예수는 지혜와 키가 자라고 하느님과 사람들의 총애도 더해 갔다"(루가 2,52). 이상과 현실이 교차한다. 예수는 양극을 지니고 있고, 우리도 양극을 지니고 있다. 우리는 친근감과 거리감, 이해와 몰이해, 더불어 삶과 소외의 긴장 안에서만 하느님 마음에 들고 우리의 내적인 아름다움 — 카리스 — 에 부합하는 모습으로 성장한다.

루가가 우리 앞에 내놓는 예수 탄생에 관한 이야기는 매우 예술적인 이야기다. 나는 약간의 설명으로 독자들에게 축복받은 작가인 루가에 대한 호기심을 유발하고 싶다. 루가는 놀랍게도 그리스 독자들과 유다 독자들을 동시에 감동시키고, 종교적·문화적 전통을 뛰어넘어 자신의 언어로 인간의 심금을 울리며, 인간 안에 하느님의 신비에 대한 예감을 깨워 일으키는 위대한 작가다. 루가는 결코 장황하게 쓰지 않는다. 그는 자기가 묘사하는 각 상황에 대하여 섬세한 감각을 지니고 있다. 그리고 그는 우리가 사건의 깊은 의미를 상상할 수 있도록 사건을 묘사한다. 루가는 상징들을 통하여 하느님 신비의 뿌리까지 볼 수 있도록 우리에게 상징들을 제시하기도 하지만, 이 면에서 그는 매우 조심스럽고 절제되어 있다. 우리는 루가 복음에서 많은 상징들을 보지만 만나지는 못한다.

루가가 각 상황마다 한 짝과 양극을 서로 대비시키는 것은 글쓰기 기법만은 아니다. 루가는 예수와 요한, 마리아와 엘리사벳을 대비시켜 묘사한다. 그는 마리아와 요셉, 마리아와 목자들 그리고 마지막으로 시므온과 안나를 한 짝으로 묶어 묘사한다. 황제의 규정을 준수하는 것과 예상치 못한 하느님 은총의 사건, 법적으로 규정되어 있던 정결례와 시므온에게 비친 복음의 빛이 또한 한 묶음이다. 모든 민족들의 구원이신 예수와 사람들이 겪는 갈등이 동시에 등장한다. 루가는 이렇게 양극성을 이용하여 이야기의 긴장을 유지한다. 우리는 이 글쓰기의 절묘한 기법을 심층 심리학적으로도 해석할 수 있다. 심층 심리학적으로 보면, 무엇인가 새로운 것이 태어나고 우리 안에서 그리스도가 자랄 수 있으려면, 우리는 항상 양극을 우리 안에서 통합해야 한다는 것을 루가는 보여 주고 있다. 우리는 '아니마'anima(남성의 여성성)와 '아니무스'animus(여성의 남성성), 남성성과 여성성을 우리 안에서 통합해야 한다. 우리는 내면에서 묵은 것과 새로운 것, 율법과 은총, 공감과 반대를 통합해야 한다. 우리는 마리아처럼 대립되는 모든 것들을 우리 안에서 이리저리 살펴보고 받아들이고 이해해야 한다. 그러면 그리스도께서는 우리에게 구원이 될 것이고, 우리의 찢어진 마음을 치유할 것이며, 우리를 하느님께서 본디 생각하셨던 그런 사람으로, 올바르고 당당한 사람으로 변모시킬 것이다.

루가가 묘사하는 병과 치유

그리스도교 전통은 루가를 의사로 보는데, 그 이유는 그가 의학적인 언어를 완벽하게 구사하기 때문이다. *iaomai*(치유하다)와 *therapeuein*(건강하게 만들다) 같은 단어들이 루가 복음에서처럼 그렇게 자주 등장하는 복음서는 없다. 그리스도께서는 인간을 구원하시는 분이고, 인간의 상처를 치유하시는 분이시다. 루가는 병과 치유에 대한 이해를 그리스의 인간상에서 빌려 온다. 그리스인들에게 인간의 이상형은 *kalos k'agathos*(아름답고 착한 사람)다. 건강은 아름다움과 선함의 표현이다. 건강한 육체에 건강한 정신이 깃든다(mens sana in corpore sano). 플라톤에 의하면, 건강한 사람이란 육체와 정신의 모든 측면이 서로 조화를 이루며 사는 사람이다.

건강에는 윤리도 포함된다. 건강에도 적당한 정도가 필요하다. 운동선수처럼 자신의 건강에만 신경 쓰는 사람은 실제로는 건강하지 못하다. 건강한 사람은 모든 것을 적당한 정도로 하는 것이 중요하다. 사람이 병약해지면 자신의 품위에 해를 끼치게 되고 정신의 조화를 파손하게 된다. 치유란 그렇기 때문에 인간적인 품위와 조화의 회복을 의미한다. 이것은 루가 복음서만이 전하는 두 치유 이야기, 즉 곱사등이 부인의 치유 이야기와 수종 병자의 치유 이야기를 풀이해 보면 더욱 선명해진다. 두 치유는 안식일에 이루어진다. 안식일은, 하느님께서 창조 사업을 마치고 창조한 만물을 훌륭하다고 생각하시며 쉬신 날이다. 루가에게 치유는 훌륭한 창조의 회복이다. 예수께서 한 사람을 치유하시는 것은 이렇게 아버지의 창조 사업을 완성하시는 것이며, 하느님께서 생각하셨던 인간의 본모습을 드러내는 것이다. 루가는 이렇게 그리스의 건강한 인간상과 창조의 근원적인 아름나움과 훌륭함에 대한 성서의 생각을 서로 연결시킴으로써 작가와 신학자로서의 천재성을 보여 준다. 그는 자신의 복음서를 유다인과 그리스인들이 똑같은 방식으로 알아듣고 호감을 가질 수 있도록 쓴다. 그럼으로써 루가는 오늘날 우리도 이해할 수 있는 병과 치유에 대한 시각을 제시해 준다.

심리학은 오늘날 정신과 육체의 연관성을 새롭게 발견했다. 많은 병들이 심인성 질환이다. 이런 질환들은 육체와 정신 양쪽과 연관되어 있다. 치유는 육체 차원에서만 이루어져서는 안 되고 정신도 회복시켜야 한다. 치유에서는 항상 전인全人으로서의 인간이 하느님께서 본디 생각하셨던 모습으로 회복되는 것이 관건이다. 질병 때문에 인간의 본디 모습이 왜곡된 것이다. 치유는 새로운 창조이자 인간의 근원적이고 본질적인 본디 모습을 회복시키는 것이다.

곱사등이 부인의 치유

예수께서 안식일에 한 회당에서 가르치셨다. "마침 거기 십팔 년 동안이나 병의 정신에 사로잡힌 여인이 있었는데, 그는 허리가 쪼그라들어 다시 곧게 펼 수 없었다. 예수께서 가까이 불러 '부인, 병에서 풀려났습니다' 하시고 손을 얹으시자 여인은 당장 허리를 펴고 하느님을 찬양했다"(루가 13,11-13: Bovon의 번역). '병의 정신'이라는 특이한 표현은, 병이 단순히 육체적인 것이 아니라 정신적인 기본자세를 표현하는 것임을 말하는 것이다. 육체적인 병은 그 부인을 사로잡고 있는 정신을 보여 준다. 그것은 그를 위축시키고, 그를 쪼그라들게 하고 옭아매는 정신이다. 이 부인은 등이 굽었다. 왜냐하면 그는 삶의 무게에 짓눌렸고, 자신을 포기한 채 방치해 놓았기 때문이다. 그는 슬프고 우울하게 지낸다. 그렇게 위축된 채 사는 사람은 우울해진다. 그의 호흡은 힘이 없다. 그리고 그의 얼굴은 타고난 아름다움을 잃게 된다. 굽은 등은 받아들여지지 않은 감정들을 가리킬 수도 있다. 많은 사람들은 묶이고 억눌린 감정들로 가득 찬 두툼한 배낭을 짊어진 채 살고 있다. 그들은 자신의 등을 억눌러 놓은 감정들을 위한 쓰레기장으로 오용한다. 그들은 자신의 감정들과 직면하기보다 차라리 등 통증을 겪는 것을 편하게 생각한다.

이 부인은 아마도 억압도 당했을 것이다. 어쩌면 사람들이 그에게서 기댈 만한 배경을 앗아 갔는지도 모른다. 그는 자신의 능력으로는 일어설 수 없다. 이 부인은 등을 곧게 편 채 당당하게 살아갈 수 없다. 그는 자신을 믿지 못한다. *panteles*(완전히, 절대적으로, 영원히)라는 그리스어는, 병이 치유될 수 없다는 것과 이 부인은 스스로 일어설 수 없다는 것을 표현한다. 그는 더 이상 고개를 위로 들고 높은 곳을 볼 수 없다. 하느님과의 연결 끈이 끊어진 상태다. 그는 바닥만, 비천한 것만 보고 산다. 그의 지평은 좁고, 그는 인간적인 품위와 넓이 그리고 자유를 잃어버렸다. 그것도 이미 십팔 년 동안이나 그런 상태였다. 십팔

이라는 숫자를 상징적으로 이해한다면 다음과 같이 말할 수 있다. 십(10)은 인간의 전체성, 온전성을 상징하는 수다. 이 부인은 전체성, 본디의 아름다움과 훌륭함을 상실했다. 팔(8)은 영원성과 무한성을 상징하는 수다. 초창기 교회에 있던 세례대는 팔각형이었다. 그것은 그리스도인은 세례 때 하느님의 영원한 삶에 참여한다는 것을 보여 주는 것이다. 이 부인은 십팔 년 동안 병을 앓았고 하느님과의 관계를 잃어버렸다. 그는 더 이상 하느님을 바라볼 수 없다. 그의 시선은 어두워졌다.

 루가는 등이 쪼그라든 이 부인에게서 억눌리고 깨지고 품위와 존엄성을 해친 인간의 이미지를 본다. 그리고 그는, 예수께서 이 부인뿐 아니라 오늘날의 우리를 어떻게 치유하실 수 있는지도 보여 준다. 예수의 눈에 이 부인이 들어왔다. 예수께서는 그를 바라보시고, 그럼으로써 그에게 관심을 보내신다. 예수께서는 인간의 고통에 대하여 무관심하지 않다. 그는 이 부인에게 관심을 가진다. 루가는 여기서 예수의 자비심을 언급하는 것이 아니라 이야기를 통해 예수의 느낌을 표현하고 있는 것이다. 예수께서 이 부인을 얼마나 부드럽고 사랑스럽게 대하시는지 그의 행위에서 드러난다. 그는 고통과 억압 상태에 있는 부인을 인지認知하시고 난 다음 그에게 말을 건네신다. *prosphono*(말을 걸다, 이름을 부르다, 부르다)라는 그리스어는 예수께서 그 부인과 맺으시는 관계를 표현한다. 그분은 그에게 말을 하신다. 예수의 말씀은 그를 향한다. 그분은 건강한 사람들 앞에서 가지는 수치심 때문에 뒤로 물러나 자신을 감춘 채 소외되어 있는 그를 소외 상태에서 불러내신다. 그 부인은 예수의 말씀에 의해 움직이기 시작한다. 예수께서는 사람을 감동시키고 움직이게 하는 말솜씨를 가지고 계셨음이 분명하다. 부인이 예수 앞으로 가까이 오자 그분은 이렇게 말씀하신다. "부인, 병에서 풀려났습니다." 그분은 그에게 치유와 해방을 주신다. 예수의 근처에서 인간은 더 이상 묶여 있을 수 없고 자유로워진다. 거기서 인간은 자신의 품위를 발견한다. 똑바르게 서 계신 분인 예수께서 억눌린 부인을 바르게 일으켜 세우시고, 그에게 유일회적이고 신적인 품위를 되찾아 주신다. 예수께서는 그것을 안수를 통하여 표현하신다. 루가 복음서와 사도행전에서 안수는 치유의 행위이거나 성령의 강림을 의미한다. 둘은 일맥상통한다. 예수의 안수를 통하여 하느님의 성령이 부인에게 내려온다. 성령은 항상 치유하는 영이기도 하다. 그리고 성령은 부인의 약함을 추방하는 하느님의 힘을 말한다. 제자들도 사람들에게 손을 얹어 하느님의 치유하는 힘을 전해 주고 그렇게 사람들을 사탄의 힘에서 해방시켜야 한다. 사람들은 더 이상 낡은 생활 습관에 머물러 있지 말고 치유하고 해방하는 하느님의 힘과 예수에게서 흘러나와 사람들을 하느님께서 본디 생각하셨던 그 모습대로 존재하게 하는 하느님의 사랑을 받아들여야 할 것이다. 예수께서 부인을 만지는 순간 그는 일어선다. 부인은 바르게 일어나서 하느님을 찬양한다. 이제 십팔(18)은 실현되었다. 부인은 온전해졌고, 하느님과의 관계를 다시 회복했다. '일어서다'를 뜻하는 그리스어 *anortho*는 집을 '다시 짓다'라는 뜻으로도 사용된다. 예수께서는 인간을 다시 일으켜 세우시는 분이고, 인간의 타고난 아름다움을 회복시키시는 분이며, 하느님의 영광이 깃들 수 있도록 인간의 삶의 집을 지으시는 분이다.

곱사등이 부인을 치유한 것에 대하여 회당장은 못마땅하게 생각한다. 안식일에 일해서는 안 된다는 것이다. 그는 부인의 치유를 사람의 일로 해석한다. 예수께서는 그것을 하느님의 작용으로 보신다. 회당장은 율법을 과장되게 해석한다. 율법이 사람보다 더 중요하다는 것이다. 예수께서는 외양간에서 풀어내어 끌고 가서 물을 먹이는 가축들의 예를 들어 그의 완고한 태도를 완화시켜 주신다. 안식일에 소와 나귀를 풀어 주는 것이 허락된다면 인간을 족쇄에서 풀어 주는 것도 허락된 것이 아닌가. 하느님은 루가에게 무엇보다도 당신 백성을 종살이에서 구원하시고, 인간을 당신께서 창조하신 본디 모습대로 다시 회복시키시는 해방자다. 안식일은 창조를 기억하게 한다. 하느님께서는 일곱째 날에 창조 사업을 마치고 쉬신다. 그분은 당신이 창조한 만물의 찬란함을 보셨다. 루가에게 안식일을 기념하는 최고의 방식은 인간을 본디 형상대로 회복시키고, 신적인 품위에 대하여 기뻐하고, 인간의 아름다움을 창조하신 창조주 하느님을 찬양하는 것이다. 군중의 반응은 다르다. 그들은 "그분이 하신 그 모든 영광스러운 일을 두고 기뻐했다"(루가 13,17). 사람들은 예수께서 제시하시는 구원의 초대에 대해 늘 기쁘게 반응한다. 예수께서는 기쁨에 대하여 말씀하시지 않는다. 그분이 하시는 행동이 사람들에게 기쁨을 준다. 곱사등이 부인의 치유 이야기를 잘 읽고 받아들이는 사람은 바르게 서서 당당하게 자신의 길을 갈 수 있게 된다. 루가는 그렇게 이 이야기를 쓴다. 성서 본문에 묘사된 해방은 독자와 청자에게 전달되고, 그들은 자신의 신적인 품위에 대하여 기뻐하게 되고 당당하게 집으로 갈 수 있게 된다.

수종 병자의 치유

루가 복음에만 전해지는 둘째 치유, 즉 수종 병자의 치유도 안식일에 이루어진다(루가 14,1-6). 여기서 치유는 아주 간단히 서술되어 있다. 결정적인 것은 치유가 인간의 일이 아니라 하느님의 작용이라는 생각이다. 그리스 의사들은 수종병에 대하여 자주 언급한다. 갈렌이라는 유명한 의사는 수종병에 대하여 마흔여덟 번이나 언급하고 이 병을 고치는 처방을 제시한다(Bovon 471 참조). 수종병은 특히 배가 부어오르는 증상으로 나타난다. 이 병은 심장을 약화시키고 갑작스러운 죽음을 불러올 수도 있다. 유다교 전통에서 수종병은 대부분 무분별한 성생활과 중상모략 그리고 우상숭배 — 금송아지 — 의 결과로 여겨진다. 유다교의 관념에 의하면 인간은 물과 피로 이루어졌다. 무절제하게 살아 균형을 잃은 사람은 수종병에 걸리거나 나병에 걸린다고 보았다. 피를 많이 흘리면 나병에 걸린다고 보았다(Bovon 472 참조). 오늘날 우리는 이렇게 말할 수 있다: 사람이 도가 지나치고 무리하면, 그의 육체도 혼란스럽게 반응한다. 서로 다른 액체들의 질서가 혼돈에 빠진다. 그러니까 여기서 관건은 적당한 정도程度다. 인간은 자신의 본질에 맞게 살면 건강하다. 그러나 인간은 도가 지나

치면 병에 걸린다. 치유란 따라서 적당한 정도를 다시 찾아 사는 것이다.

예수께서는 율사와 바리사이들에게 물으신다. "안식일에 병을 고쳐 주어도 됩니까, 안 됩니까?"(루가 14,3). 이 질문으로 예수께서는 안식일과 치유에 대한 올바른 해석을 주고자 한다. 무엇이 안식일에 포함되는가? 그리고 치유란 무엇인가? 예수께 안식일은 "하느님께서 창조하신 이미지에 따라 일을 하는 날"(Bovon 474)이다. 그리고 치유는 하느님의 일이지 인간의 일이 아니다. 바리사이들이 질문에 대하여 묵묵부답이자 예수께서는 하느님의 뜻대로 행하신다. "예수께서 수종 병자를 만져 고쳐서 돌려보내셨다"(루가 14,4). 예수께서는 병자의 손을 잡으신다. 그분은 그를 도와주시기 위하여 그를 받아들이신다. 그런 다음 루가는 예수의 치유 작용에서 본질적인 말을 한다: *iasato*(그는 치유했다). 루가는 이 말을 열다섯 번 사용한다.

예수께서는 인간을 하느님께서 생각하셨던 본디 모습대로 회복시키는 의사다. 그분은 균형을 잃은 사람들에게 균형을 되찾아 주어 자신에게 맞는 정도를 알게 해 주는 치료사다. 치유 행위의 셋째 단어는 *apolyo*(해방시키다, 풀어 주다, 떠나보내다)다. 루가는 이미 곱사등이 부인의 치유에서 이 단어를 사용했다. 치유는 인간의 해방이고, 질병의 끈과 사탄의 족쇄에서 풀어 주는 것이다. 여기 '떠나보내다'라는 단어가 나온다. 예수께서는 병자를 떠나보낸다. 그는 이제 자신의 고유한 길을 가도 된다. 그러나 루가는 단어의 다중적인 의미를 좋아한다. '떠나보내다'라는 단어에는 물론 풀어 줌과 해방의 의미도 분명 들어 있다. 치유된 사람은 항상 해방된 사람, 모든 족쇄에서 풀려나 구원된 사람이다. 질병은 묶인 상태다. 어떤 형태로든 생활 방식과 습관 그리고 강박관념에 묶여 있는 것과, 여하한 형태로든 사람에게 묶여 있는 것도 우리 자신과 다른 사람들에게 부정적인 에너지를 분출시킨다. 치유는 모든 묶임으로부터의 해방이고, 따라서 내적인 부정성의 해소다. 묶인 상태로부터의 자유는 우리에게 다른 사람과의 좋은 관계와 친교의 능력을 준다. 관계를 맺는 능력, 특히 바람직한 방식으로 관계를 맺는 능력은 본질적으로 건강에 포함된다. 그리고 그리스인들에게 바로 이 친구 관계를 맺는 능력이야말로 본질적으로 아름답고 훌륭한 사람의 이미지다.

하느님께서는 인간을 자유롭고 바르게 창조하셨다. 예수께서는 인간을 안식일에 그런 모습으로 회복시키시고, 하느님께서 생각하신 인간이 어떤 모습인가를 이런 방식으로 보여 주신다. 루가는 창조신학과 구원신학을 연결한다. 구원이란 하느님께서 창조하신 만물을 본디의 참된 모습으로 드러나게 하는 것이다. 하느님은 인간을 훌륭하게 창조하셨다. 그러나 인간은 병들었고 자신의 욕정에 묶여 있으며 자신의 결핍에 매여 있다. 예수께서는 인간을 해방시키시고 그를 다시 일으켜 세우신다. 그분은 인간을 온전하고 건강하게, 아름답고 훌륭하게 만드신다. 예수께서 인간을 치유하신다면, 그분은 인간을 하느님께서 창조하신 본디의 그 아름답고 훌륭한 형상으로 회복시키시는 것이다. 그렇기 때문에 루가복음에서 예수의 중요한 치유는 하느님께서 창조 사업을 마치고 쉬신 안식일에 이루어지는 것이다.

하지만 루가가 안식일 치유 이야기를 자신의 치유신학의 중심에 놓는 또 다른 이유가 있다. 그리스도인들은 주일에 함께 모여 빵을 나누어 먹고 전례에서 그 당시 인간을 치유하시고 일으켜 세우셨던 분을 기념한다. 예수의 치유하시는 작용은 전례에서 현재화된다. 그래서 루가는 중풍 병자 치유에 대하여 사람들이 이렇게 반응했다고 묘사한다. "우리가 오늘 신기한 일을 보았다"(루가 5,26). 그리스도인들이 매 주일 미사 전례에 참여하는데, 이 전례 중에 그때 일어난 일이 '오늘' 일어나는 것이다. 미사는 치유의 장場이다. 그리고 독서와 성서 이야기에 대한 묵상은, 우리가 독자로서 치유의 연극놀이에 빠져들 수 있는 장이 될 수 있다.

의사이신 예수의 파견

루가가 병자 치유를 어떻게 이해하는지 그는 예수께서 등장하시는 장면을 묘사하는 데서도 보여 준다. 루가는 첫째 치유 기적을 보도하기 전에 나자렛 회당에서 일어난 일에 대하여 이야기한다. 루가는 예수께서 어떻게 일어서시고, 사람들이 그에게 어떻게 책을 건네는지 그리고 그 책을 어떻게 펼치시는지 매우 상세하게 묘사함으로써 청자들의 긴장을 고조시킨다. 예수께서는 책을 펼쳐 이사야 예언서의 다음 대목을 찾아 읽으셨다. "주님의 영이 내게 내리셨으니, 과연 주님이 기름부으셨도다. 주님이 나를 보내셨으니, 가난한 이들에게 복음을 전하고, 사로잡힌 이들에게 해방을, 눈먼 이들에게 눈뜰 것을 선포하며, 억눌린 이들을 풀어 보내고, 주님의 은혜로운 해를 선포하게 하시려는 것이로다"(루가 4,18-19).

예수께서는 이사야 예언자의 말씀으로 당신 자신의 프로그램을 말씀하신다. 흥미로운 것은, 루가가 여기서 두 개의 성서 본문을 하나로 엮는다는 사실인데, 그것은 이사야 61장 1절 이하의 메시아 관련

본문과 이사야 58장 6절의 "억압받는 이들을 자유롭게 내보내고"라는 문장이다. 이사야 58장 6절의 본문은 올바른 단식, 즉 하느님께서 좋아하시는 단식에 대한 이야기다.

루가는 두 본문을 우연히 그렇게 하나로 엮은 것이 아니다. 예수께서는 메시아의 과업을 이행하신다. 그분은 하느님 마음에 드는 분이시다. 그리고 루가는 두 성서 본문을 하나로 묶음으로써 예수의 제자인 우리의 과제 역시 억눌린 이들을 풀어 주고, 상처받고 찢기고 억압받고 지친 사람들을 위한 자유의 길을 닦아 주는 것이라는 사실을 표현하고 있는 것이다.

예수께서는 당신 자신을 하느님의 영으로 가득 찬 사람이라고 생각한다. 그리고 자기가 해야 할 일은 가난한 이들에게 기쁜 소식을 전하는 일이라고 생각한다. 이 가난한 사람들이란 한편으로는 경제적으로 가난한 이들과 사회적으로 인권을 유린당하는 이들이고, 다른 한편으로는 갇힌 이들과 눈먼 이들 그리고 억눌린 이들이다. 예수께서 인간을 치유하신다고 할 때, 루가는 그 치유를 그들을 옭아매고 있는 족쇄로부터의 해방으로 이해한다. 여기서 루가는 병자의 치유에 대한 예로서 눈먼 이들만을 언급한다. 예수께서는 눈먼 이들에게 "다시 볼 수 있음"(새 번역)을 선사하고자 하신다. 혹은 문자 그대로 번역하자면, 예수께서는 그들에게 "눈을 뜨는 것"(『200주년 기념 신약성서』)을 선사하고자 하신다. 실제를 보지 않으려고 눈을 감은 사람들은 다시 눈을 떠야 한다. 그들은 세상의 아름다움을 자신의 눈으로 발견해야 한다. 특이하게도 루가는 여기서 본다는 것만 강조한다. 하지만 본다는 것은 그리스인들에게 가장 중요한 의미를 지니고 있다. 그리스인들에게 하느님은 보여지는 분이다. *Theos*(하느님, 신)라는 말은 *theastai*(보여지다)라는 말에서 유래한다. 인간은 보는 것에서 자신의 품위를 경험한다. 그러나 그의 시선은 너무나 자주 흐려진다. 인간은 실제를 투사나 정신질환적인 틀이라는 흐릿한 안경을 통해 본다. 그의 시선은 세상에 대한 환상을 통해 흐려져 있다. 인간이 존재하는 것을 보고, 자유롭게 둘러보기 위해 눈을 뜬다면 그는 진정한 인간이다.

예수께서는 자신의 파견을 은총의 해 선포로 요약한다. 은총의 해는 유다교 축제의 해다. 50년마다 찾아오는 이 해에 이스라엘인들은 모든 노예를 풀어 주어야 하고, 모든 빚을 탕감해 주어야 하며 농지를 경작하지 말고 놀려야 한다. 이것들은 예수의 행적을 가리키는 멋진 그림들이다. 예수께서 등장하시는 곳에는 노예들이 해방되고, 자신 안에 노예가 된 사람들은 그들의 두려움과 외부 통제라는 내적인 감옥에서 탈출할 수 있고, 그들의 인간적 품위를 되찾을 수 있다. 루가는 나자렛 회당에서 이루어진 예수의 등장에 대한 이야기에 이어 곧바로 첫째 치유 이야기를 전하는데, 여기서 노예의 해방을 묘사한다. 거기서 루가는 가파르나움의 회당에 "더러운 귀신의 영을 지닌"(루가 4,33) 한 사람이 어떻게 앉아 있는지 이야기한다. 마귀란 고통과 억압, 정신질환적인 틀과 강박관념, 고정된 생각들을 통하여 이루어지는 인간의 외부 통제를 말한다. 인간은 그런 힘들에게 완전히 사로잡혀 "자기 자신일 수 없고, 자신의 언어와 정체성과 인격을 잃어버려 자기 자신과 주변 세계에게 완전히 낯선 존재가 될 수 있다"(Venetz 67). 그들의 생각은 선입견과 비참함, 두려움과 질투로 인해 흐려져 있다. 루가에게 치유란 사람들이 다시 선명하게 볼 수 있고, 그들을 노예로 만드는 모든 마귀들로부터 해방되는 것을 의미한다.

예수께서 자비로우신 하느님께서 가까이 계시다는 기쁜 소식을 전하는 곳에서 인간은 자신의 죄로부터 자유롭다는 것을 느낀다. 그곳에서는 죄인이 예수께 가까이 가서 용서를 청할 용기를 얻는다. 그곳에서 그들은 죄를 지었음에도 불구하고 조건 없이 받아들여지는 것을 체험한다. 루가는 이 체험을 예수의 발에 향유를 바르기 위하여 바리사이 집을 찾아갈 용기를 낸 죄 많은 여자에 대한 경이로운 이야기(루가 7,36-50)를 통하여 독자들의 가슴에 새겨 주려고 한다. 예수께서 등장하는 곳에는 사람들이 다시 숨을 쉴 수 있는 여유 공간이 생긴다. 농지를 경작하지 않고 그냥 놔둔다는 비유가 바로 그런 뜻이다. 예수께서는 사람들에게 끊임없이 자신을 가지고 작업하지 말고 마음밭을 한 번쯤 그냥 놔두라고, 하느님께서 그 마음의 밭에 좋은 씨앗을 뿌리신다는 것을 신뢰하라고 말씀하시는 것이다. 그러면 그 밭은 하느님 은총으로 백 배의 열매를 맺을 것이다.

루가는 더러운 귀신의 영을 쫓아내는 이야기(루가 4,33-37) 다음에 예수께서 시몬의 장모를 어떻게 치유하는지 묘사한다. 예수께서는 시몬의 장모에게 가까이 가서 그에게 자신의 영을 전해 주기 위해 몸을 굽히신다. 루가는 이 몸짓으로 예수께서 병든 부인에게 얼마나 섬세하게 다가가는지 묘사한다. 그리고 루가는 예수의 몸짓을 말씀과 연결시킨다. 예수께서는 열을 꾸짖으신다. 부인을 사로잡고 있는 열을 의인화하고, 부인을 떠나라고 명령하신다. 부인은 즉시 건강해진다. 그는 일어나서 예수께 시중을 든다.

루가는 한 남자의 치유 다음에는 곧바로 한 여자의 치유 이야기를 한다. 그는 항상 남성들과 여성들이 평등하게 나란히 등장하는 것을 중시한다. 그는 이것을 나자렛에서 행하신 최초의 연설, 즉 예수께서 예언자들 — 엘리야, 엘리사 — 을 통하여 치유를 경험한 사람들의 예로서 시리아 사람 나아만과 사렙다의 과부 이야기를 한 부분에서 이미 보여 주었다.

그런 다음 루가는 의사로서 활동하시는 예수의 행적에 대하여 이야기한다. "자비로우신 메시아께서 그리스적인 의사의 과업을 넘겨받으신다"(Bovon 225). 루가는 예수를 그리스인들이 이해하고 호감을 가지게끔 묘사한다. 예수께서는 사람들의 병을 고쳐 주시고, 그들의 머리 위에 손을 얹어 주시며, 그들에게 하느님의 영을 알려 주신다. 그분은 사람들을 다시 회복시켜 주고 본디 모습을 다시 선사해 주는 힘을 그들에게 알려 주신다. 그러나 예수께서는 몸의 접촉을 통해서뿐 아니라 말씀과 그리스의 치유 방식에 따라 '건강한 사람의 예술'을 가르치시는 가르침을 통해서도 치유하신다. 치유하실 때 예수께서는 『고르기아스』*Gorgias*(플라톤의 대화편 — 역자 주)에서 소크라테스가 말하는 의사처럼 사람들에게 언뜻 완전히 부적절해 보이는 쓴 약을 처방해 주실 수밖에 없다. 루가에게 예수의 말씀들은 인간을 구원으로 인도하고 자신의 참된 본질로 데려다 주는 말씀들이다. 의사와 치유자이신 예수, 이것은 오늘날 사람들의 마음에도

와 닿는 예수의 이미지다. 왜냐하면 사람들은 치유를 갈망하고 있기 때문이다.

오늘날에는 생활 지침서들이 수없이 쏟아져 나온다. 그리고 상처의 치유를 약속하는 프로그램과 세미나들의 시장이 붐을 이루고 있다. 루가는 우리에게 치유자이신 예수를 보여 주는데, 이 치유자의 치유 방법은 그 당시와 마찬가지로 오늘날에도 유효하다. 그리고 루가는 예수께 충만히 스민 영의 능력으로 오늘날에도 병자들을 치유하고 억눌린 이들을 다시 일으켜 세우라고 우리 그리스도인들에게 요청하고 있다.

예수의 비유

예수께서는 치유자일 뿐 아니라 비유의 달인이기도 하다. 그분은 비유를 통하여 하느님과 인간에 대한 당신의 시각을 가장 선명하게 보여 주신다. 비유는 인간을 현재 서 있는 곳에서 데려오는 기능을 가지고 있다. 예수께서는 인간이 빠질 수 있는 일상적인 상황들을 비유를 통해 자주 이야기하신다. 그분은 당신의 농사일도 묘사하신다. 예수께서 인간의 구체적 삶에 대하여 이야기하실 때 듣는 이들은 매료될 수밖에 없다. 예수께서는 청자들의 마음을 움직여 당신 쪽으로 끌어당기신다. 하지만 그런 다음 그분은 갑자기 그들의 시선을 하느님께 돌리게 하신다. 갑자기 그들의 눈이 열린다: '하느님은 이런 분이시구나. 하느님은 우리를 그렇게 대하시는구나.'

예수께서는 하느님에 대하여 추상적으로 말씀하시지 않는다. 그분은 인간에게서 시작하신다. 예수께서는 인간에 대하여 그리고 청자들이 알아들을 수 있는 일상에 대하여 이야기하신다. 비유에서 관건은 항상 듣는 이들 자신과 사고방식의 변화이고 새로운 하느님상과 인간상으로 인도하시는 것이다. 비유에서 우리는 하느님에 대하여 이야기하시는 예수만의 방식을 만난다. 루가는 그리스인들뿐 아니라 오늘날의 우리도 감명을 받을 수 있을 정도로 예수의 비유를 예술적으로 묘사한다.

예수께서는 비유에서 하느님과의 관계에 있는 인간과 하느님에 대해서만 이야기하는 것이 아니다. 개신교 신학자인 클라스 후이징은 비유를 예수께서 직접 그린 믿을 만한 자기 초상화라고 생각한다. "예수께서는 비유에서 당신 자신의 초상화를 그리셨다. 그리고 성화에서 루가가 이 초상화를 가장 잘 복사한 화가로서, 정확히 말해 부분적인 그림 조각들을 하나의 큰 그림으로 완성한 화가로서 이해되는 것은 우연이 아니다"(Huizing 234). 따라서 우리는 비유에서 인간 예수의 개인적인 이미지와 생각하고 말하는 독특한 방식을 만나는 것이다. 예수께서는 비유에서 하느님 나라에 대해서 말씀만 하시는 것이 아니라 하느님 나라를 현재화시키신다. 그때 하느님 나라는 예수의 말씀으로 우리에게 다가온다. 그때 우리는 하느님 나라를 경험하게 되고 이해하게 된다. 그때 하늘이 우리에게 열리고, 우리는 하느님께서 지금 우리에게 역사하심을 이해하게 된다. 그때 하느님은 육신이 되신다. 그때 하느님은 언어가 되신다. 그때 하느님은 언어로 표현되신다. 신학자 한스 베더Hans Weder는 비유 언어는 시적일 뿐 아니라 '언어 창조적'이기도 하다고 생각한다. '언어 창조적'이라는 말은, 비유들이 실재를 새롭게 창조한다는 뜻이다. 비유 언어는 하느님 나라를 청자와 독자에게 전달해 준다. 하느님 나라는 비유의 이미지를 통하여 실재가 된다(Huizing 122 참조).

루가는 우리에게 문학에서 끊임없이 읽히고 풀이되는 최고의 비유, 어떤 비유와도 비교할 수 없는 아름다운 비유를 전해 주었다. 길 잃은 아들의 비유 혹은 많은 이들이 부르듯이 자비로우신 아버지의 비유가 그것이다. 루가 복음에는 마르코 복음과 마태오 복음에서 전해 받은 비유 외에 루가 복음에만 전해지는 일련의 비유들이 있다. 그 비유들은 '어리석은 부자 이야기'(루가 12,16-21), '잃었던 은전 비유'(루가 15,8-10), '약은 청지기 비유'(루가 16,1-9), '부자와 라자로 이야기'(루가 16,19-31) 그리고 '과부의 간청을 들어주는 재판관 비유'(루가 18,1-8)다. 루가는 이런 '특수 비유'에서 전형적인 그리스식 이야기 양식, 특히 자신과의 대화라는 방식을 자주 이용한다. '내면적인 독백'은 그리스 문학에서 "등장인물의 성격과 그의 걱정이나 의도를 드러내는 역할을 한다"(Bovon II, 282). 우리는 자신과의 대화라는 이 문학적 수단을 특히 고대 소설 문학과 그리스 희극에서 발견할 수 있다. 하지만 아이스킬로스, 소포클레스, 에우리피데스 같은 비극작가들도 독백을 이용한다. 이 내적 독백은 고대 애정소설에서 독자의 참여를 심화시키는 역할을 한다. "독자는 소설에 등장하는 인물의 역할 속으로 빨려 들어간다"(Heininger 49). 『칼리뢰』*Kallirhoe*라는 소설에서 아르탁스타레스는 자기 자신에게 이렇게 말한다. "오 영혼아, 너에게 가능한 것이 무엇인지 살펴보아라! 너 자신에게 돌아오라. 너에게는 다른 조언자가 없다"(Heininger 52). 이것은 부자가 자신의 영혼과 이야기하는 자기 대화(루가 12,19 참조)를 연상케 한다. 희극에서 배우의 독백은 관객들과 하는 대화다. 관객은 무대에서 진행되는 사건에 동참하게 된다. "독백은 관객과 등장인물 사이에 은밀하고 내적인 관계를 형성한다. 관객은 여기서 동시에 배우의 동반자가 된다"(Heininger 78).

내적 독백은 들어가는 말로 시작된다. 그것은 대부분의 경우 질문으로 되어 있다. '나는 무엇을 해야 하나?' 그런 다음 현재 상태에 대한 설명이 이어지고, 여러 가지 가능성에 대한 점검이 이루어진다. 그리고 마지막으로 문제의 해결책이 소개된다. 내적 독백은 독자를 새로운 행동을 하도록, 회개하여 올바른 길을 가도록 움직이고자 한다. 하지만 '나는 무엇을 해야 하나?'라는 질문은 루가 복음에서 내적 독백에 한정되지 않는다. 루가 복음에서는 세리와 군인들도 세례자 요한에게 묻는다(루가 3,10.12-14 참조). 마찬가지로 예루살렘 주민들도 베드로의 설교에 그렇게 반응을 보인다(사도 2,37 참조). 그것은 진정한 철학의 근본 질문이다. 스토아 철학자 에픽테토스도 그렇게 질문한다. "우리는 무엇을 해야 합니까?" 이것은 진리의 산고를 겪고 있는 제대로 된 제자의 철학적인 질문이다(Heininger 82 참조). 루가는 비유들을 창작한 것이 아니다. 그는 예수의 비유 이야기를 전수하여 그리스인들의 심금을 울릴 수 있도록 그 이야기들을 문학적으로 재구성한 것이다. 루가는 그리스 독자들에게 예수를 인간 영혼의 신비로 인도하는 시인으로, 그들에게 신비한 생각들을 드러내 주고 참된 철학, 즉 참삶으로 인도하는 하느님의 지혜를 가르쳐 주시는 시인으로 소개하고 싶은 것이다.

그뿐만 아니라 우리는 특수 비유에서 남자들 세계에서 취한 사례들 옆에는 항상 여자들 세계에서 취한 사례들을 이야기하는 루가의 경향을 인식할 수 있다. 그는 남성적인 목자들 세계에서 기인하는 잃었던 양 비유(루가 15,3-7) 옆에 여성이 중심인물로 등장하는 잃었던 은전 비유(루가 15,8-10)를 배치한다. 루가는 약은 청지기 비유(루가 16,1-8) 옆에 불의한 재판관을 두려워하지 않는 용감한 과부(루가 18,1-8)를 세운다. 예수께서는 하느님 나라를 남자가 땅에 심는 겨자씨에 비유(루가 13,18-19)하기도 하고 부인이 밀가루 서 말 속에 섞는 누룩에 비유(루가 13,20-21)하기도 한다. 루가는 남성과 여성의 행동과 생각을 묘사함으로써 신적인 작용의 신비와 인간의 신비를 설명한다. 루가에게 하느님에 대하여 올바르게 말한다는 것은 곧 '아니마'와 '아니무스'를 통합하는 것이고, 하느님 안에서 남성성과 여성성을 보는 것이다. 그리고 우리는 남성과 여성을 똑같이 사랑스럽게 보고, 남성과 여성의 서로 다른 사고방식을 인정할 때, 인간에 대하여 올바르게 말할 수 있다.

잃었던 은전 비유

잃었던 은전의 짤막한 비유(루가 15,8-10)는 잃었던 양 비유 다음에 나온다. 이 비유에서는 한 여자가 중심에 서 있다. 흥미롭게도 루가는 많은 경우, 여성을 과부나 혼자 사는 여자로 묘사한다. 여자는 남자를 통하여 정의되는 것이 아니다. 여자는 자기 자신 안에 의미를 지니고 있다. 그래서 이 부인의 경우도 남자에 대한 관계가 아니라 자신의 존재 자체, 자신의 독자적인 상태가 관건이다. 그는 은전 열 닢을 가지고 있다. 십(10)은 전체성을 상징하는 수다. 은전 열 닢을 가진 사람은 온전하고 건강한 사람이다. 하지만 그 부인은 은전 한 닢을 잃어버렸다. 일(1)은 마찬가지로 일치의 상징이다. 부인이 은전 한 닢을 잃어버렸다면, 그는 전체성을 잃은 것이고 자기 자신 및 하느님과의 일치를 상실한 것이다. 그는 자신의 중심을 잃어버린 것이다. 그리고 이 중심이 없다면 은전 아홉 닢은 아무 쓸모가 없다. 은전 아홉 닢들은 서로 흩어진다. 그들은 더 이상 서로 연결되어 있지 않다. 부인은 자기가 무엇을 잃어버렸는지 안다. 그는 자기 자신을 상실한 것이다. 니사의 그레고리우스는 은전을 그리스도의 상징으로 풀이했다. 심리학적으로 보면, 은전은 '자기'Selbst('자기'란 분석 심리학자 융에게서 유래하는 개념으로서 전체로서의 나, '외적인 인격'과 무의식적인 '그림자'가 통합된 온전한 나를 의미함 — 역자 주)를 상징한다고 말할 수 있다. '자기'를 잃어버린 사람은 외적으로 많은 일을 하면서 분주하게 산다. 그러나 무엇을 하든지 그에게는 중심, 힘, 확실함이 결여되어 있다.

부인은 이제 등불을 켠다. 그레고리우스는 등불을 이성으로 보았다. 부인은 무의식의 어둠을 밝히고 그 속에서 잃어버린 온전함을 찾기 위하여 이성의 빛을 필요로 한다. 루가는 여기서 분명 믿음의 빛도 생각했을 것이다. 이성은 오직 믿음을 통하여 진정으로 깨닫는다. 믿음의 빛은 우리가 내면의 집에서 잃어버린 은전을 찾기 위하여 필요한 하느님의 빛이다. 그 부인은 온 집안을 뒤진다. 그는 자기 집 바닥에 쌓인 때와 먼지를 말끔히 치워 버린다. 그레고리우스는 이 오물을 부주의의 상징으로 풀이했다. 우리가 수많은 활동을 부주의하게 하면 우리 집은 지저분해진다. 그러면 우리는 더 이상 집주인이 아니다. 우리 영혼의 바닥에 한 겹의 먼지가 쌓인다. 그렇기 때문에 우리 영혼이 본디부터 지니고 있는 광채에 다시 도달하려면 우리는 켜켜이 쌓인 먼지를 불어내야 한다. 그리고 그 부인은 부단히 찾는다. *epimelos*라는 그리스어는 '조심스럽게, 꼼꼼하게, 정확하게, 부지런하게'를 뜻한다. 7 부인은 정확하게 살펴보고 꼼꼼하게 찾는다. 잃어버린 은전을 다시 찾겠다는 마음이 강하다. 인간은 하느님을 찾을 뿐 아니라 자기 자신, 즉 자신의 참된 본질 — 참 나 — 도 찾는다. 인간은 자기 자신을 잃어버렸다. 바로 이것, 즉 자기소외와 자기상실이 인간의 불행이다.

부인은 잃었던 은전을 다시 찾는다. 그는 자기 자신을 찾는다. 그러자 그는 친구들과 이웃들을 불러 모으고 외친다. "함께 기뻐해 주시오. 잃었던 드락메를 찾았소"(루가 15,9). 자기 자신을 찾는 사람은 주변 사람들과의 새로운 관계도 찾는다. 이 부인은 여성들만 불러 모은다. 그는 그들과 함께 자신의 '자기화'['자기화'(Selbstwerdung)란 융 분석심리학의 핵심 개념으로서 '외적 인격'(Persona)인 자아가 무의식적 '그림자'인 '아니마'·'아니무스'와 통합을 이루어 온전한 인간이 되는 것을 뜻함 — 역자 주]를 축하하는 잔치를 벌이고자 한다. 그 부인은 잃어버린 은전을 다시 찾았다. 그는 인간존재로서의 자신의 근본인 하느님을 찾았다. 그리고 그는 '자기'Selbst를 찾았다. 융에 의하면 우리는 영혼 안에서 하느님의 이미지 — 모상 — 를 발견하지 않고는 '자기'를 찾을 수 없다. '자기'는 우리 삶의 역사가 맺는 결실이 아니라 하느님께서 만드신 우리의 본디 모습, 즉 우리의 '원형'(Urbild)이다.

루가는 은전의 발견에서 회개하는 죄인을 본다. 죄인은 자기 자신을 잃은 사람이다. 그는 더 이상 그 자신이 아니다. '회개'란 '다르게 생각하다', '사물의 배후를 보다'라는 뜻이다. 회개는 우리의 참된 자기를 발견할 수 있는 방법이다. 우리는 외적인 것에서 탈피하여 우리 영혼의 심연에서 은전을 찾기 시작해야 할 것이다. 그러면 하느님의 천사들도 우리 때문에 기뻐할 것이라고 예수께서 말씀하신다. 예수께서는 우리의 신적인 중심을 상기시키기 위해서 오셨다. 그분은 우리가 우리 안에서 하느님을 찾고, 하느님 안에서 우리의 참된 '자기'를 찾을 수 있도록 회개하라고 외치셨다. 예수께서는 우리를 '자기화'의 길로 부르시는 분이시다. 이 길의 목표는 우리가 인간이라는 것에 대하여 기뻐하는 것이다. 하지만 하느님을 찾을 때, 우리 안에서 신적인 중심을 다시 발견할 때, 우리는 비로소 온전한 인간이 된다. 죄는 우리가 우리 자신을 놓치고 잃어버리는 것이고, 우리가 우리 자신을 간과하면서 사는 것이며, 스스로 살지 않고 우리의 삶을 다른 사람에게 맡기는 것이다. 루가에 의하면 예수께서는 다시 진정한 인간이 되라고, 자신의 중심을 찾으라고 그리고 자신의 중심에서 자기 존재의 참된 근본인 하느님을 찾으라고 초대하시는 분이시다.

비유는 항상 여러 가지 차원으로 이해될 수 있다. 비유는 독자에게 자신의 경험과 갈망을 투사할 수 있는 자유를 준다. 은전을 찾는 부인은 자신의 중심을 잃어버렸다가 마침내 자신의 참된 '자기'를 찾기 시작하는 사람의 영혼을 가리키는 상징일 수 있다. 그것은 하지만 잃어버린 인간을 찾기 위해 온 집안을 뒤집어엎는 하느님을 가리키는 상징일 수도 있다. 우리가 이 비유를 그렇게 풀이하면, 하느님은 여성의 이미지로 묘사된다. 구약성서에는 하느님이 온 집안을 뒤지는 부인에 비유되는 구절이 아무 데도 없다. 스위스의 성서 주석가인 헤르만 요제프 베네츠Hermann-Josef Venetz는 이와 관련하여 다음과 같이 말했다. "그렇게 하는(하느님을 여성에 비유하는) 사람은 오직 예수와 그의 제자들에게서나 있을 법한 엄청난 권위와 자유 그리고 하느님과의 친밀성과 세상과의 친밀성을 드러내는 것이다"(Venetz 124). 타울러Johannes Tauler는 이 비유를 이렇게 풀었다: 우리가 인생의 집을 잘 꾸며 놓으면, 하느님은 은전을 찾기 위해 모든 것을 뒤죽박죽으로 만드는 부인처럼 행동하신다. 타울러는, 우리가 중년이 되면 인생의 집을 잘 꾸며 놓는다고 생각한다. 그리고 온갖 외적인 활동으로 인해 우리는 은전을 잃어버리게 된다. 그렇기 때문에 하느님께서는 우리 안에서 은전, 즉 우리의 참된 '자기'를 찾기 위해 우리를 위기로, '곤경'으로 인도하신다.

우리는 이 비유를 또한 예수와 연관 지어 풀이할 수도 있다. 그러면 예수께서는 당신 자신의 행위를 여성적이고 모성적인 행위로 이해하는 것이 된다. 하느님께서는 이 세상에서 믿음의 등불을 밝히고 집안을 청소하고 부단히 인간을 찾으라고 예수를 통하여 당신 아들을 보내셨지 않는가. 예수께서는 죄인과 세리들을 찾아 나선다. 그들은 바리사이들의 판단에 따르면 '잃어버린 사람들'이다. 또한 부인의 행동은 개인의 영혼 안에서 이루어지는 예수의 작용으로 이해될 수도 있다. 예수께서는 인간이 자기 자신을 알도록 하기 위해서, 자기 영혼의 심연을 보도록 하기 위해서 인간의 집에 등불을 밝히신다. 예수께서는 말씀을 통하여 인간에게서 모든 악령들, 삶을 방해하는 모든 삶의 틀을 척결함으로써 영혼의 집안을 청소하신다. 그리고 그분은 인간의 '자기'를 끊임없이 찾으신다. 위대한 그리스 철학자 플라톤은 자신의 참된 '자기'를 찾는 것, 자신의 본디 영혼을 인식하는 것을 인생의 목표라고 생각했다. 루가에게 예수는 인간을 자신의 참된 '자기', 자신의 신적인 중심과 만나게 해 주는 하느님의 방랑객이다.

잃었던 아들 비유

루가가 이야기하는 가장 아름다운 비유는 당연히 잃었던 아들 비유다. 이 비유에 대한 풀이는 수없이 많다. 이 사실은 잃었던 아들 이야기가 독자들의 심금을 울린다는 것을 보여 준다. 비유를 이야기한다는 것, 그것은 신학적인 진리를 선포하는 것 이상이다.

비유는 무엇에 대한 정보를 알려 주거나 무엇인가를 증명하고자 하지 않는다. 비유는 우리에게 입장 표명을 요구한다. 언어학자들은 이것을 '설득력 있는 의사소통'이라고 한다. 예수께서는 비유를 이야기함으로써 청자들의 마음을 움직이신다. 잃었던 아들 비유를 루가가 이야기하는 방식으로 읽으면, 우리는 내적인 변화 과정 속으로 빠져들게 된다. 우리는 작은아들과 큰아들에게서 이런 질문을 받는다: 나는 지금 어디에 서 있는가? 나는 작은아들에 가까운가 아니면 큰아들에 가까운가? 아니면 나는 둘 다인가? 나에게서 두 가지 측면을 보는가? 바로 이 '두 형제'라는 모티프는 우리 영혼의 내적인 양극성을 보여 준다. 우리는 내면에 법과 정도를 무시하고 살려는 욕구만 강한 작은아들을 지니고 있다. 그리고 우리는 우리 안에 모든 계명들을 준수하려고 노력하는 잘 적응된 큰아들도 지니고 있다. 우리는 두 가지 측면을 다 보아야 하고, 우리 안에 있는 양극을 서로 통합해야 한다.

비유는 우리에게 회개하고 단식하라고 가르치는 윤리적인 지시가 아니다. 루가는 예수의 비유를 이야기할 때, '나는 어디서 길을 잃었는가', '나는 어디서 사소한 것에 매달리게 되었는가', '나는 나 자신을 잃었는가'와 같은 질문을 간과하지 않게끔 이야기한다. 나는 비유를 읽음으로써 아버지께로 향하는 길, 나의 진정한 안식처가 있는 곳을 향해 출발하고 싶은 마음이 생긴다.

그리스 문학에는 잃었던 아들 비유와 유사한 이야기들이 무척 많다. 그 이야기 속에는 아들들이 자신의 재산을 방탕한 생활로 탕진하고 난 다음 아버지 앞에 와서 죄를 고백하는 모티프가 자주 등장한다. 플라우투스Plautus는 두 아들을 잃어버린 아버지에 대하여 이야기한다. 두 아들을 다시 찾자 아버지는 축제를 벌인다. 아리스토파네스Aristophanes 이후로 희극에서는 "모범적인 아들과 방탕한 아들이라는 형제"(Heininger 151)가 잘 알려져 있다. 이런 예들을 보면 루가가 수사학 교육을 받았음에 틀림없다. 루가는 소설, 희극, 비극, 우화 등의 그리스 문학작품들을 알고 있다. 그는 독자의 심금을 울리기 위하여 수사학 교육에서 배운 기술을 이용한다. 그는 독자와 대화하는 방식으로 글을 쓴다. 이것은 그리스 독자들뿐 아니라 우리에게도 마찬가지로 효과가 있다. 루가는 모든 사람의 마음을 움직이는 언어를 발견했다. 아무도 이 비유의 메시지를 비켜 갈 수 없다.

작은아들은 아버지 집에서의 안정적인 삶이 지루하고 견디기 힘들다. 그는 아버지에게 자기 몫의 재산을 벌써 요구한다. 그는 살고 싶다, 그것도 지금

당장. 오늘날의 많은 젊은이들도 이 작은아들과 비슷하다. 그들은 그냥 살고만 싶다, 절제 없이 그리고 가능한 한 즉시. 작은아들은 먼 나라로 떠난다. 이것은 비난할 일이 아니다. 그 모습에서는 모험심이 드러난다. 하지만 그런 다음 그는 자신의 재산을 '방탕한 생활'로 낭비한다. 그리스어로는 *zon asotos*, 즉 '그는 구원될 희망 없이 살았다', '그는 제멋대로, 무절제하게, 방탕하게 살았다'라고 씌어 있다. 아리스토텔레스Aristoteles는 *asotos*를 이렇게 정의했다. "방탕한 사람은 자신의 생활 방식으로 자신을 망가뜨리는 사람이다"(Heininger 159). 그리하여 작은아들은 한 주민에게 의지하고 매달릴 정도로 신세가 비참해진다. 그는 이 작은아들을 농장으로 보내어 돼지를 치게 한다. 유다인 독자에게 '작은아들이 돼지 치는 신세가 되었다'는 것은, 그가 자신을 완전히 잃어버렸다는 것, 자기 자신과 자신의 품위를 포기했다는 것을 상징한다. 그는 결국 돼지우리에까지 전락했다. 하지만 그는 돼지가 먹는 가룹 열매조차 얻지 못한다. 작은아들은 바닥에 떨어지자, 모든 것을 잃게 되자, 아무것도 가진 것 없는 빈털터리이자 완전한 실패자로 삶의 쓰레기 더미 위에 앉게 되자 제정신으로 돌아온다. 자신을 소외시켰던 그가, 자기 자신을 완전히 다른 사람들 손에 내맡겼던 그가 다시 자기 자신에게 돌아오고, 자기 자신을 만난다. 그는 자신에게 돌아와서 자기 자신과 이야기하는데, 이 독백은 그의 내적인 상황을 정확하게 반영해 준다. "내 아버지의 그 많은 품꾼들은 빵이 남아도는데 나는 여기서 굶어죽게 되었구나(*apollymai* = 나는 사라진다, 나는 멸망한다). 일어나(*anastas* = 일어나다, 부활하다) 아버지께 돌아가서 말씀드려야지. '아버지, 제가 하늘과 아버지께 죄를 지었습니다. 이제 저는 아버지의 아들이라고 할 자격이 없습니다. 저를 아버지 품꾼 가운데 하나로 써 주십시오'"(루가 15,17-19). 자기 독백은 작은아들의 정신적인 상태를 묘사하고 있고 독자에게 그의 정신을 보여 준다. 작은아들은 자기 자신을 완전히 포기할 지경에 이르렀다. 그러나 그의 내면에는 마음을 돌리게 하는 한 목소리가 있다. 그는 자신을 버리고 싶지 않다. 그는 살고 싶다. 아들은 마음으로 깨달은 것을 행동으로 옮긴다. 그는 아버지께로 가는 여정을 시작한다. 아버지는 아들에게 연민을 느낀다. 그는 아들을 향해 달려간다. 가장이 주급하게 서두르는 것은 부적절하다. 하지만 아버지는 체면에 신경 쓰지 않는다. 그에게는 아들이 더 소중하다. 그래서 그는 아들에게 달려가서 목을 끌어안고 입을 맞추었다. 아버지는 아들의 죄 고백을 다 듣지도 않고 아들의 옷을 가져다 입히고 손에 가락지를 끼워 주고 발에 신을 신겨 주라고 종들에게 이른다. 그럼으로써 아버지는 아들을 다시 가족의 품으로 완전히 받아들인다. 그리고 그는 잔치를 벌인다. "먹고 즐기자. 이 아들은 죽었다가 다시 살아났고 내가 잃었다가 되찾았다"(루가 15,23-24).

예수께서는 잃었던 아들 비유를 예수께서 죄인들과 한 식탁에서 음식을 먹는 것을 언짢아하는 바리사이와 율사들에게 이야기하신다(루가 15,2). 그분은 비유를 통해 하느님이 어떤 분인지 그리고 한 인간이 어떻게 생각을 바꾸어 자신의 구원 — 행복 — 을 다시 찾을 수 있는지에 대해서만 말씀하시는 것이 아니라 당신 자신의 행위에 대하여 설명하시는 것이기도 하다. 예수께서는 하느님의 자비를 여기 이 땅에서 볼 수 있고 경험할 수 있게 하기 위하여 죄인들과 식사를 같이 하신다. 그분은 자비로우신 하느님을 알려 주기 위하여, 자기 자신을 잃어버리고 내적으로 죽어 있으며 자기 자신을 소외시킨 사람들에게 연민을 느끼시는 하느님을 알려 주기 위해 하늘에서 내려오셨다. 예수께서는 죄인들과 같이 먹고 마심으로써 아버지의 뜻대로 행동하고, 자비로우신 하느님을 구체적으로 드러내 보이신다. 예수께서 죄인들과 같이 먹고 마시는 식사에서 일어난 일이 루가에 의하면 모든 미사성제에서도 일어난다. 미사에서 하느님은 우리와 성찬의 축제를 벌이시는데, 거기서 우리는 죽었다가 다시 살아난 우리 자신에 대하여, 잃었다가 다시 찾은 우리 자신에 대하여 그리스도와 함께 기쁨을 나눌 수 있다.

이렇게 예수께서는 비유에서 당신 자신의 사명도 설명하신다. 예수께서는 당신 자신을 내적으로 죽어 있는 사람들을 다시 살리는 분으로, 그들 안에서 생기를 불러일으키는 분으로 이해하신다. 그리고 그분은 당신의 행위를 자신을 잃어버리고 멸망한 사람들을 찾는 일로 이해하신다. 예수께서는 이 비유로 자기 자신을 포기한 사람들 안에서 삶의 희망을 불러일으키고 싶으신 것이다. 그들에게도 생각의 전환은 가능하다. 좌절할 이유는 없다. 우리가 그동안 아무리 잘못된 길로 빠졌고 배고픔을 값싼 것으로 해소했다 하더라도, 우리가 진정으로 편안하게 쉴 수 있고, 하느님께서 본디 생각하셨던 우리의 모습, 즉 하느님 아버지의 아들과 딸이 될 수 있는 아버지의 집으로 돌아갈 수 있다.

그런데 예수의 죄인들 초대는 반대에 부딪친다. 비유에는 기쁨의 축제에 대하여 몹시 분개하는 큰아들이 등장한다. 구약성서는, 하느님께서 죄인을 불쌍히 여기는 것에 대한 신심 깊은 사람의 분노를 알고 있다. 예를 들어 요나는 니느웨에 대한 하느님의 자비에 대하여 몹시 분개한다. 그리고 시편 작가는 악인의 성공에 대한 신심 깊은 자의 분노에 대하여 말한다(시편 37,1 참조). 비유에 등장하는 세 인물의 성격은 느낌을 통해 묘사된다. 작은아들은 위축되고, 아버지는 연민과 자비심을 느끼고, 큰아들은 분개한다. 큰아들은 하느님의 계명을 지키기 위해 온갖 노력을 다 하는 바리사이들을 가리키는데, 그들의 이 노력은 하느님께서 마련해 놓으신 삶의 풍요로움을 발견하지 못한 채 기쁨 없이 의무에 머무를 때가 너무 많다. 모든 독자는 자신 안에서 큰아들을 발견하게 된다. 우리는 하느님의 모든 계명을 준수하는 이상적인 삶을 살려고 하면서 실제로는 자신의 뜻만 행하는 경우가 허다하다. 그러나 계명을 지키지 않는 다른 사람들에 대한 분노는, 우리가 계명에 자신을 맞춘 것이 순수한 동기에서 비롯된 것이 아니라는 것, 그것이 우리를 행복하게 해 주지 않는다는 것을 보여 준다. 하느님의 계명을 지키려는 노력 뒤에는 많은 경우 삶에 대한 두려움이 자리 잡고 있다. 그래서 작은아들이 우리의 '그림자' — 억눌러 놓은 삶의 에너지 — 를 표출하면 우리는 분노를 느낀다. 큰아들을 아버지 집에 머물러 있게 하고, 착하게 살게 하고, 잘 적응하게 한 무의식적인 동기들이 아버지께 드리는 그의 말에서 드러난다. "보십시오, 저는 여러 해를 두고 아버지를 섬기며 아버지의 명을 어긴 적이 없습니다. 그런데도 제게는 벗들과 함께 즐기라고 염소새끼 한 마리 주신 적이 없더니, 아버지 살림을 창녀들과 함께 삼켜 버린 아들이 돌아오니까 살진 송아지를 잡아 주시는군요"(루가 15,29-30). 큰아들은 순수한 마음으로 아버지의 뜻을 따른 것이 아니다. 그는 아버지께 순종함으로써 아버지의 인정을 받으려고 한 것이다. 큰아들은 자기가 아버지 집을 떠나지 않았으니까 아버지께서 자기를 특별하게 생각할 것이라고, 작은아들보다 자기를 더 좋아할 것이라고 은근히 기대했던 것이다. 그리고 우리는 큰아들의 점잖고 모범적인 모습 뒤에 억제된 성적 환상이 숨어 있다는 것을 볼 수 있다. 왜냐하면 형은 동생이 창녀들과 어울려 아버지의 가산을 들어먹었다고 비난하는데, 앞의 이야기에는 없는 내용이다. 그것은 큰아들 자신의 환상이다. 루가는 큰아들을 통해 많은 경우 경건한 모습 뒤에 숨어 있는 우리의 어두운 측면, 즉 '그림자'를 묘사하고 있는 것이다.

아버지는 큰아들에게도 애정을 가지고 말씀하신다. "얘야, 너는 늘 나와 함께 있으며 내 것이 모두 네 것이다. 네 아우는 죽었다가 살아났고 내가 잃었다가 찾았으니 즐기고 기뻐해야 한단다"(루가 15,31-32). 이것은 아버지가 큰아들에게 하시는 아주 부드러운 말씀이다. 하지만 아버지는 큰아들에게 '저 아들'은 그의 아우이기도 하다는 것을 지적하신다. 길을 잃고 방황했던 형제가 다시 길을 찾으면 그리고 죽었던 형제가 다시 살아나면, 그것은 흥겨운 축제를 벌이기에 충분한 이유가 된다.

이 비유를 읽으면 우리는 자신의 바람과 욕구, 감정과 갈망을 감지할 수밖에 없다. 두 아들은 무엇이 우리 영혼에 잠재되어 있는지 밝혀 준다. 그리고 두 아들은 자비로우신 아버지를 보여 준다. 작은아들이든 큰아들이든, 방탕아든 모범생이든, 무모한 사람이든 절제된 사람이든, 우리는 자비로우신 아버지께 눈을 돌릴 수 있다. 두 아들은 각자의 방식대로 죽었고 자신을 잃어버렸다. 한 아들은 방탕한 생활로 자기 자신을 잃어버렸고, 다른 아들은 소심한 바른 생활로 자기 자신을 잃어버렸다. 자비로우신 아버지는 우리 안에서 삶을 찾으라고 우리를 삶에 초대하시고, 다시 찾은 삶에 대하여 기뻐하라고 우리를 기쁨의 축제에 초대하신다.

약은 청지기 비유

나는 루가의 또 다른 비유인 '약은 청지기 비유'(루가 16,1-9)에 대하여 짤막한 해설을 하고 싶다. 이 비유는 오늘날에도 독자들을 자극한다. 내가 어떤 그룹에게 이 비유를 풀이하면, 항상 반대하는 피드백이 나온다. 예수께서 사기를 훌륭하다고 칭찬했을 리 없다는 것이다. 이 비유를 보면 예수께서 어떤 심리학적인 방법을 이용하여 독자에게 다가오는지 알 수 있다. 예수께서는 청자들에게 도발적인 이야기를 함으로써 그들을 신심의 안전한 지위에서 끌어내신다. 비유가 우리를 화나게 하는 바로 그곳에서 우리는 하느님과 인간에 대한 우리의 시각을 점검하고 수정하라는 도전을 받는 것이다.

어떤 청자들은 약은 청지기 비유를 듣고 통쾌함을 느꼈을 것이다. 하지만 그것이 관건은 아니다. 이 비유의 핵심 주제는 자신의 죄와 잘못을 대하는 태도다. 우리는 원하든 원하지 않든 죄와 잘못을 저지르게 된다. 그것은 불가피하다. 자신이 저지른 죄와 잘못으로 인한 빚을 어떻게 할 것인가, 그것이 문제다. 청지기가 독백에서 고민하는 것처럼, 우리는 평생 동안 자신의 죄와 잘못을 부끄러워하며 죄인의 옷을 뒤집어쓴 채 방황할 것인가? 그러면 우리는 언제 어디서나 우리 자신을 초라하고 비참하게 만들고 양해와 아량을 구걸하게 된다.

죄와 잘못으로 인한 빚을 대하는 또 다른 가능성은 지금 이 순간부터 모든 것을 올바르게 행하고 모든 계명을 빈틈없이 지키기 위하여 이를 악물고 지독히 철저하게 사는 것이다. 그러나 두 가지 방법 모두 결국에는 한계에 부딪치게 된다. 청지기는 자기 독백에서 셋째 방법을 찾아내는데, 예수께서는 그 방법을 훌륭하다고 칭찬하신다. 하느님 앞에서 지은 빚을 갚거나 수치심에 빠져 고개를 숙인 채 방황하기보다 우리는 빚을 다른 사람들과의 관계를 맺는 기회로 삼아야 할 것이라는 것이다. 죄의 빚은 우리에게 서로 더욱 인간적으로 대하라고 초대한다. 청지기에게는 가능한 일이 하나밖에 없고, 그는 그것을 한다. 그는 빚진 사람들을 불러들여 그들의 빚을 탕감해 준다. 이런 방식으로 청지기는 사람들이 자기를 그들 집에 맞아들이리라는 희망을 가진다(루가 16,4 참조). 그는 자신의 빚을 창조적으로 활용한다. 그는 자신의 빚을 가지고 어떻게 하면 최선의 것을 창조해 낼 수 있을지 상상한다. 예수께서는 불의한 청지기의 영리함을 칭찬하신다. "사실 이 세상의 아들들이 자기네끼리는 빛의 아들들보다 슬기롭습니다"(루가 16,8). '빛의 자녀들'이라는 표현은 매우 경건하지만 그들의 규정을 지키지 않는 모든 사람들을 무자비하게 추방했던 에세네파 사람들을 연상시킨다. 그리스도교 공동체는 그래서는 안 된다. 그리스도인들은 죄와 잘못을 저지를 때, 공동체에서 추방하지 말고 서로를 받아들여야 할 것이다. 예수께서는 여기서 죄의 빚에 대하여 무척 차분하게 말씀하신다. 우리는 교회 안에서 아직 그분의 개방적이고 선명한 언어를 따라 하지 못하고 있다. 교회 안에서 죄와 잘못의 빚이라는 주제를 다룰 때, 우리는 사람을 작게 만들고 무가치하게 만들 수 있는 위험에 노출되어 있다. 우리는 죄와 잘못을 저지른 사람이 깊이 통회하고 반성한 모습을 보이도록 그에게 죄책감을 심어 준다. 우리는 예수에게서 죄와 죄책감에 대하여 다르게 말하는 것을 배울 수 있다. 예수께서는 이 약은 청지기 비유에서, 우리가 자존감自尊感을 잃지 않으면서 죄의 빚을 어떻게 대할 수 있는지 한 가지 방법을 보여 주고자 하신 것이다.

예수는 기도하는 이의 모범이시다

다른 어떤 복음서 저자도 루가만큼 예수를 기도하는 사람으로 묘사하지 않는다. 예수는 위대한 기도자이시다. 그분은 당신 삶에 중요한 사건들이 있을 때마다 기도하신다. 어떤 결정을 내리기 전에 예수께서는 기도하신다. 그분은 당신 아버지께 기도하기 위해 늘 조용한 장소로 피신하신다. 루가가 예수를 기도하는 분으로 묘사할 때, 그는 항상 믿는 이들을 염두에 두고 있는 것이다. 루가에게 기도는 특히 인생의 역경을 극복하는 한 방법이다. 예수께서 당신 수난을 기도하면서 극복하시듯이, 그리스도인은 모든 역경들을 겪고 영광에 이르기 위해 기도 안에서 하느님을 꼭 붙잡고 있어야 한다. 기도는 예수의 자세를 배우고 그의 정신으로 충만해지는 방법이다.

예수께서는 기도하시는 중에 우리에게도 어떤 일이 일어날 수 있는지 보여 주신다. 예수께서는 세례 때 기도하신다. 그러자 하늘이 그분에게 열린다(루가 3,21 참조). 이것은 기도의 효과에 대한 아름다운 상징이다. 우리가 기도하면 하늘이 우리에게 열린다. 기도 중에 성령이 우리에게 내려오신다. 그리고 우리는 기도 중에 하느님께로부터 조건 없이 사랑받고 있다는 것을 체험한다. 기도 중에 우리는 우리가 본디 누구인지 알게 된다. 예수께서 나병 환자를 치유하시고, 사람들이 사방에서 몰려오자, 그분은 "외딴 곳으로 물러가 기도하셨다"(루가 5,16). 기도는 우리가 세상의 소음과 사람들의 기대로부터 우리 자신을 보호하기 위하여 피할 수 있는 안전지대다. 예수께서는 제자들 중에서 열두 사도를 선택하시기 전에 산에서 밤새 하느님께 기도하셨다(루가 6,12 참조). 기도는 우리에게 훌륭한 결정을 할 수 있는 능력을 준다. 예수께서는 베드로의 메시아 고백이 있기 전에 홀로 기도하신다(루가 9,18 참조). 그분은 기도 중에 당신 수난의 신비와 제자들이 따라야 할 십자가 길의 신비를 제자들에게 예고하실 것을 준비하셨을 것이다.

루가만이 거룩한 변모 이야기에서 예수께서 기도하셨다고 말한다. "예수께서 기도하시는 동안 얼굴 모습이 달라지고, 옷은 하얗게 번쩍였다"(루가 9,29).

기도 중에 우리는 자신의 참된 본질과 만나게 된다. 그때는 모든 외적인 것들이 떨어져 나간다. 우리가 쓰고 있는 가면들이 부서진다. '변모'란 본디 모습, 즉 우리의 본디 아름다움이 발하는 것을 뜻한다. 우리 안에 있는 하느님의 광채가 우리 얼굴에서 빛난다. 우리 자신이 하느님의 영광이라는 것을 우리는 기도 중에 알게 된다. 예수께서 변모하시자 모세와 엘리야가 등장한다. 모세는 해방자고 입법자다. 기도하면 우리는 하느님 안에서 참된 자유를 경험하게 되고, 우리 삶은 질서가 잡힌다. 그러면 사람들이 우리에 대하여 생각하고 말하는 것은 더 이상 중요하지 않게 된다. 엘리야는 예언자다. 기도 중에 우리는 우리의 예언자적인 소명을 발견하게 된다. 그때 우리는 이 세상에서 우리를 통해서만 보일 수 있는 무엇이 우리 삶으로 표현될 수 있다는 것을 예감하게 된다. 기도 중에 — 예수의 거룩한 변모에 대한 이야기가 그렇게 말한다 — 우리는 하느님의 영광을 밝게 비치는 우리 자신의 참된 '자기'와 만나게 된다. 하지만 이 기도의 체험을 붙잡아 둘 수는 없다. 이 체험은 매번 사라진다. 구름이 우리의 시선을 가린다. 그리고 우리는 이 빛의 체험에 대한 기억만을 간직한 채 대부분 안개와 구름으로 가려진 우리 일상으로 돌아와야 한다.

루가는 예수의 수난 이야기에서 기도의 절정을 묘사한다. 예수께서는 올리브 산에서 기도하시면서 하느님의 뜻과 씨름을 하신다. 그때 천사가 하늘에서 나타나 그분의 기운을 북돋아 드린다. 기도는 평화로운 체험만은 아니다. 그것은 하느님 뜻과의 고통스러운 씨름일 수도 있다. 하지만 하느님께서는 기도하는 사람에게 새로운 힘을 북돋아 주라고 당신의 천사를 보내 주신다. 그러나 천사는 예수의 두려움을 막아 주지 못한다. 그분은 죽음의 공포에 휩싸이신다. 그분은 너무나 두려워 땀이 방울져 떨어진다. 그래도 예수께서는 더욱 간절히 기도하신다(루가 22,44 참조). 예수께서 올리브 산에서 기도하시는 장면을 이야기할 때, 루가는 그때나 지금이나 기도하는 많은 사람들이 가지고 있는 어려움을 염두에 두고 하는 것이다. 기도 중에 우리는 종종 어둠을 체험한다. 우리의 기도가 허사라는 생각이 들 때가 있다. 기도는 아무 소용이 없고 도움이 안 되는 것 같다. 하느님께서는 두꺼운 벽 뒤에 숨어 계시다. 그분은 침묵하신다. 우리는 하느님께 간절히 기도하지 않기 때문에 너무나 자주 제자들과 같은 상황에 빠진다. 우리는 잠이 든다. 우리의 기도도 잠이 든다. 그래서 예수께서 우리를 흔들어 깨우셔야 한다. "유혹에 빠지지 않도록 일어나 기도하시오"(루가 22,46). 우리는 예수와 같은 역경, 즉 고독·두려움·버려짐·고통과 슬픔에 빠지게 된다. 기도는 예수께서 그러신 것처럼 우리를 위해서도 유혹을 극복하는 방법이고 가장 힘겨울 때조차 하느님을 놓치지 않을 수 있는 방법이다.

올리브 산에서의 기도가 수난의 길을 끝까지 갈 수 있는 힘을 예수께 주었을 것이다. 기도는 죽음에서도 하느님의 좋으신 손길에서 떨어지지 않을 것이라는 확신을 예수께 주었을 것이다. 예수의 기도는 십자가 상의 기도에서 그 절정을 이룬다. 십자가에 매달린 채 예수께서는 당신 자신뿐 아니라 살인자들을 위해서도 기도하신다. "아버지, 저 사람들을 용서하소서. 저들은 스스로 무슨 짓을 하고 있는지 모르옵니다"(루가 23,34). 그리고 예수께서는 마지막 말씀도 기도로 끝맺으신다. 그것은 시편 31의 한 구절이고 유다인의 저녁기도다. 예수께서는 경건한 유다인이 그러하듯이 당신 삶의 끝을 기도로 마무리하신다. "아버지, 제 영을 당신 손에 맡기옵니다"(루가 23,46). 하지만 예수께서는 시편 말씀에 당신의 '아빠 호칭'을 덧붙이신다. 그분은 바로 십자가 상에서 하느님을 매우 친밀하게 아버지라고 부르신다. 예수께서는 당신의 영을 당신 아버지의 애정 깊은 손에 맡기신다. 그분은 죽음을 통해 아버지께 돌아가신다. 기도는 그의 죽음을 변모시킨다. 예수께서는 그 모든 끔

찍함과 잔인함에도 불구하고 끝까지 기도하시고 그럼으로써 가장 힘겨운 역경 중에도 하느님과의 끈을 놓지 않으신다. 그렇다. 하느님과의 끈이 그분을 인간의 힘에서 해방시킨다. 그분을 죽인 사람들조차 그분을 이길 수 없다. 기도는 살인자들의 악쓰는 소리가 전혀 들리지 않는 다른 세계로 그분을 들어 올린다. 이렇게 예수께서는 공생활 처음부터 십자가 상의 마지막 순간까지 기도와 함께했다. 이것은 예수께서 당신의 참된 중심을 어디에서 찾으셨는지 보여 준다. 그리고 그것은 예수께서 기도의 힘으로 가장 힘겨운 죽음의 역경까지 당신의 길을 가실 수 있었음을 드러내 준다. 왜냐하면 모든 고통 중에도 하늘은 열려 있고, 예수께서는 당신과 아버지가 하나라는 것을 아셨기 때문이다.

기도에 대한 예수의 가르침

예수의 기도가 그렇게 치유하고 해방하는 효력을 지녔다면, 제자들이 그분께 "주님, … 저희에게도 기도를 가르쳐 주십시오"(루가 11,1)라고 청하는 것은 이상한 일이 아니다. 루가 복음에서는 예수께서 제자들에게 무엇을 기도해야 할지 그리고 특히 어떻게, 어떤 태도로 기도해야 할지 가르쳐 주신다. 그리스도인들이 무슨 기도를 해야 할지 예수께서는 「주님의 기도」에서 제자들에게 말씀하신다. 많은 성서 주석가들은, 루가가 최초 버전으로 된 「주님의 기도」를 보존했다고 생각한다. 루가는 항상 예수의 원래 말씀에 대하여 커다란 경외심을 가지고 있다. "아버지, 아버지의 이름을 거룩히 드러내시고 아버지의 나라가 오게 하소서. 날마다 저희에게 일용할 양식을 주시고 저희에게 잘못한 모든 이를 저희도 용서하오니 저희의 죄를 용서하시고 저희를 유혹에 빠지지 않게 하소서"(Bovon 118). 예수께서는 하느님을 항상 아버지라고 부르신다. 그분은 우리에게 가르쳐 주신 기도에서 아버지와의 이 관계에 우리도 참여하게 하신다. 이름은 하느님의 실재다. 하느님의 실재는 거룩하게 되어야 할 것이다. 하느님의 실재는 우리 세상에서 드러나고 모든 사람들에 의해 인정되어야 할 것이다. 나라는 하느님의 다스리심이다. 하느님의 통치가 이 세상에서 이루어져야 할 것이다. 그것은 우리 안에서도 이루어져야 한다. 하느님의 이미지가 우리 가슴의 심연에서 빛나면 하느님의 나라가 우리에게 온 것이다(Bovon 128 참조). 우리가 청해야 할 빵은 물질적인 빵만이 아니라 동시에 우정과 공동체의 빵이다. 그리고 그것은 하느님의 빵이다. 그것은 미사 성제의 살아 있는 빵이다. 루가는 용서를 청하는 구절에서 '잘못'이라는 단어를 '죄'로 대체한다. 왜냐하면 '잘못'이라는 그리스 말은 하느님의 계명을 지키지 않았다는 것과 연관성이 없기 때문이다. 죄(hamartias)란 실패, 놓친 기회들, 빗나간 목표들, 방치를 뜻한다(Bovon 134 참조). 마지막 청원은 우리를 유혹으로부터 보호해 달라는 뜻이 아니라 하느님께서 우리를 유혹 중에 보호해 달라는 뜻이다. 아람어 「주님의 기도」는 이 청원을 다음과 같은 의미로 이해한다. "우리가 유혹에 빠지지 않게 하소서"(Bovon 136). 그리스인들도 하느님이 몸소 우리를 유혹으로 인도하신다고 생각하지 않는다. 그러나 인간은 유혹으로부터 안전하지 않다. 우리가 유혹에 빠지더라도 그 안에서 완전히 멸망하지 않고 극복할 수 있는 힘을 하느님께서 우리에게 주십사 청하는 것이다.

루가는 「주님의 기도」를 쓰면서 새로 개종한 사람들을 염두에 두고 있다. 그들은 예수의 말씀들을 상기하면서 이 기도를 외웠던 것이다. 「주님의 기도」를 외우는 것은 그들 신심의 중요한 부분이 되었다. 그들은 「주님의 기도」 말씀 안에서 예수의 영과 접하고 예수의 개인적인 하느님 관계와 접하게 되었다. 그래서 1세기 말경에 생긴 「디다케」(열두 사도들의 가르침)는 모든 그리스도인에게 「주님의 기도」를 매일 세 번 하라고 규정한다. 그리고 모든 미사성제에서 우리는 영성체 전에 「주님의 기도」를 바친다. 주님의 몸을 받아 모시기 전에 우리는 「주님의 기도」에 가장 선명하게 표현되어 있는 그분의 영과 하나가 되는 것이다.

루가는 「주님의 기도」에 이어서 두 개의 비유를 들어 우리가 어떻게 그리고 어떤 내적인 태도로 기도해야 하는지 설명한다. 벗의 청을 들어주는 사람 비유(루가 11,5-8)는 상점이 없는 팔레스티나 마을을 배경에 두고 있다. 각 가족은 필요한 식량을 자체적으로 해결해야 한다. 그런 상황에서 한밤중에 어떤 사람이 찾아왔고 주인은 그에게 내놓을 것이 없다. 이런 상황은 집주인에게 무척 당황스런 일이다. 왜냐하면 근동 지방과 그리스에서는 손님에 대한 친절이 최고의 선善이기 때문이다. 그래서 그는 자기 친구를 찾아가 문을 두드린다. 그는 자신의 행동이 친구를 얼마나 부담스럽게 하는 것인지 잘 안다. 왜냐하면 친구는 일어나야 하고 잠겨 있는 대문을 열어야 하기 때문이다. 대문 여는 소리에 아이들이 잠에서 깨어날 것이다. 하지만 손님 접대는 신성한 의무다. 그래서 그는 일어나 부탁하는 친구에게 필요한 모든 것을 준다. 예수께서는 이 비유를 통해 하느님은 우리의 친구라는 것을 말해 주려고 하신다. 그리고 루가는 이 비유를 다음과 같은 그리스 철학의 의미로 해석한다. 우리 그리스도인들은 하느님의 친구다(Grundmann 234 참조). 기도한다는 것은 친구에게 말하듯이 하느님께 말하는 것을 뜻한다. 우리는 친구에게 하듯이 하느님께 스스럼없이 청해도 된다는 것이다. 하느님은 우리의 청을 거절하지 않으실 것이다. 왜냐하면 하느님과 우리 사이의 우정은 인간과 인간 사이의 우정보다 훨씬 더 견고하기 때문이다.

벗의 청을 들어주는 사람 비유는 루가 복음에만 있다. 루가는 그리스인으로서 '친구'라는 말을 좋아한다. 마르코와 마태오가 '친구'라는 말을 한 번밖에 사용하지 않는 데 반해 루가는 그 말을 열여덟 번이나 사용한다. 그리스인들에게는 우정이 최고의 선善이다. "그리스인들은 전형적인 우정의 민족이다"(RAC 418). 소크라테스와 플라톤은 우정에 대한 글을 썼다. 우정은 오직 훌륭한 두 사람 사이에서만 가능하다. 루가 복음에서 예수께서는 당신 제자들을 '벗'이라고 부른다(루가 12,4 참조). 루가는 예루살렘 공동체를 마치 그리스 지역의 친구 모임처럼 묘사한다. 그래서 루가는 친구의 이미지를 하느님께 대한 우리의 관계에 적용하는 것이다. 우정의 신비는 우리가 기도 안에서 하느님을 우리의 친구로 경험할 때, 우리가 삶과 사랑을 위해 필요로 하는 것을 주는 우리의 친구로 경험할 때 비로소 드러나게 된다.

둘째 비유는 하느님을 아버지로 모시고 있다는 것이 무엇을 의미하는지 설명해 준다. 모든 아버지는 자기 자녀들에게 무엇이 좋은지 안다. 인간의 마음은 근본적으로 선하다. 아버지는 자기 자녀들을 돌본다. 그는 자녀들에게 빵을 달라는데 돌을 주거나, 생선을 달라는데 뱀을 주거나, 달걀을 청하는데 전갈을 주지는 않을 것이다. 예수께서는 여기서 인간의 명예심에 호소하신다. 하느님은 선하신 우리 아버지이시다. 그분은 우리에게 무엇이 유익한지 아신다. 그분은 우리를 실망시키지 않을 것이고, 우리를 해칠 수 있는 것을 결코 주시지 않을 것이다. 그분은 우리에게 양식이 되는 것을 주신다.

아우구스티누스는 세 가지 선물을 상징적으로 풀이했다. 빵은 사랑을 의미하고, 생선은 믿음을 그리고 달걀은 희망을 의미한다는 것이다. 선하신 아버지는 당신 아들에게 사랑의 빵 대신에 엄격함과 거절의 돌을 주시지 않는다. 아버지는 아들을 믿지, 뱀처럼 아들에게 상처를 주시지 않는다. 그리고 아버지는 아들에게 희망을 주시지 전갈처럼 아들을 비참함이나 죄책감의 독으로 감염시키시지 않는다. 하느님은 우리에게 최고의 선물, 즉 성령을 주시는 선하신 아버지이시다. 하느님은 우리에게 성령 안에서 당신 자신을 선사하신다. 성령 안에서 그분은 우리에게 친밀하시다. 아버지가 우리에게 돌과 뱀 혹은 전갈을 주어 우리에게 깊은 상처를 주었다면, 성령은 우리가 아버지에게서 받은 상처를 치유해 주신다. 루가에게 기도는 아버지와 어머니에게서 받은 우리의 상처를 치유받는 장場이다.

과부의 간청을 들어주는 재판관 비유

루가는 18장에서 기도에 관한 가르침을 계속한다. 그는 거기서 반대극에 있는 비유를 이야기하는데, 이 비유에서는 한 부인이 중심에 서 있다. 이것은 모든 중요한 주제들에 대하여 남성적인 측면과 여성적인 측면을 동시에 이야기하는 루가의 성향에 부합된다. 루가는 기도에 대해서도 남자 세계와 여자 세계에서 취한 두 가지 예를 들어 이야기한다. 루가는 11장에서 기도에 대한 가르침을 하느님 사랑의 완성으로 이해한 데 비해, 18장에서는 사람의 아들이 오시는 긴박한 상황에서 기도에 대하여 가르침을 주신다. 적대자들에게 괴롭힘을 당하는 과부인 부인은(루가 18,1-8 참조) 성과 없이 국가권력기관에게 도움을 청하는 박해받는 그리스도교 공동체를 가리킨다. 왜냐하면 재판관은 "하느님도 두려워하지 않고 사람도 존중하지 않기"(루가 18,2) 때문이다. 하지만 과부는 개인의 전형으로 이해될 수도 있다. 그러면 과부는 적대자들에게 괴롭힘을 당하고, 다른 사람들에게 상처를 입으면서 자신을 방어할 능력이 없는 사람들의 개인적인 상황을 묘사하는 것이 된다. 남편을 잃은 부인은 환경에 보호막 없이 버려져 있는 자아가 약한 사람의 상징이기도 하다. 그들은 선을 그을 줄 모른다. 모든 부정적인 환경이 그들에게 영향을 준다. 여인은 옛날부터 영혼, 즉 인간의 내면세계, 신적인 품위의 상징이기도 하다. 그리고 적대자들은 우리의 삶을 저해하는 생활 방식, 우리의 약점, 우리의 상처를 가리킨다. "하느님도 두려워하지 않고 사람도 존중하지 않는" 재판관은 우리를 위축시키고 우리의 발전과 번영에는 아무런 관심이 없는 내적인 권위, 초자아를 가리킨다. 초자아는 오직 규정과 원칙만을 중시한다. 초자아는 영혼에게 조용히 있고 주어진 것에 만족하라고 강요한다.

힘이 없어 보이는 부인은 자신을 위해서 싸운다. 그는 줄곧 재판관을 찾아가 조른다. "적대자에게서 내 권리를 찾아 주십시오"(루가 18,3). 재판관은 자기 자신과 이야기하는데, 이 자기 독백은 그리스 희극의 전형적인 문학 양식이다. "나는 하느님도 두려워하지 않고 사람도 존중하지 않지만 이 과부가 나를 괴롭히니 권리를 찾아 주어야지. 안 그러면 끝까지

성가시게 굴겠구나"(루가 18,4-5). '나를 괴롭히다'로 번역된 그리스어를 문자 그대로 번역하면 '눈을 가격하다, 시퍼렇게 멍 들게 때리다'(Heininger 202)이다. 힘없는 과부가 눈두덩이 시퍼렇게 되도록 때릴지도 모른다고 그 힘센 재판관이 두려워했다는 것이 설득력 없이 들릴지 모른다. 하지만 루가는 재판관의 이 독백을 이용하여 독자에게 그렇게 약해 보이는 기도의 도구를 믿으라고 말하고 있는 것이다. 기도는 모든 외적인 힘과 권력을 가지고 있는 사람들보다 더 큰 힘을 가지고 있다. 사람은 기도를 통해서 자신의 권리를 얻는다. 사람은 살 권리, 도움을 받을 권리, 품위를 보존할 권리를 가지고 있다. 기도 안에서 우리는, 사람들이 우리에 대해 아무런 힘을 가지고 있지 않다는 것을 체험할 수 있다. 살인자들이 십자가 상에서 기도하시는 예수를 이길 수 없었듯이 우리를 억압하는 사람들도 우리에 대하여 아무런 힘을 가지고 있지 않다.

과부를 우리 영혼의 상징으로 보면 이런 뜻이 된다. 우리를 작게 만들고 싶어 하는 초자아의 음성보다 영혼이 더 옳다는 것을 우리는 기도 중에 경험하게 된다. 영혼은 기도 중에 활짝 핀다. 영혼은 기도 중에 날개를 단다. 그때 우리는 우리의 참된 '자기', 하느님께서 본디 만드신 우리의 하느님 이미지와 접하게 된다. 세상은 우리 영혼의 하느님 이미지를 흐리게 할 수 없고 파손시킬 수도 없다.

바리사이와 세리의 비유

루가는 영성생활에서 이상을 너무 높이 잡는 것이 위험하다는 것을 알고 있었다. 그는 끊임없이 기도하라고 말하지만, 그런 위대한 기도의 이상형에는 늘 어두운 측면도 있다. 그것은 부단하게 기도하는 사람이 다른 사람들을 경멸하는 위험이다. 그들은 다른 사람들에 대하여 우월감을 느낀다. 루가는 바리사이와 세리의 비유(루가 18,9-14)를 이야기함으로써 일방적인 이상형의 위험을 보여 준다.

바리사이의 기도는 경건한 자기도취다. 그는 오직 자기 자신의 주변만 맴돈다. 루가는 이 비유에서 기도의 두 가지 방식, 즉 스스로 의롭다고 생각하는 바리사이의 기도와 겸손한 세리의 기도를 우리에게 보여 준다. 외적으로만 보아도 바리사이와 세리의 기도는 다르다. 바리사이의 기도가 긴 데 비해, 세리의 기도는 짧다는 것이 특징이다. 그에 반해 기도를 위한 준비는 바리사이에게서는 짧다. 그는 그냥 서서 기도하기 시작한다. 그러나 세리는 멀찍이 서서 하늘을 향하여 눈을 들 엄두도 내지 못하고 가슴을 친다. 그의 기도는 몸으로 표현된다. 바리사이는 기도에서 자기 자신의 주변만을 맴돈다. 그는 자기 자신을 자랑하기 위하여 하느님을 이용한다. 그에게는 하느님이 아니라 자기 스스로 의롭다고 판단한 자신의 의로움이 중요하다. 그리스어를 문자 그대로 번역하면 이렇다. "그는 자신을 향하여 기도했다." 바리사이는 물론 "오, 하느님! 제가 다른 사람들과 같지 않아서 하느님께 감사드립니다"라고 말한다. 그러나 그는 기도하면서 실제로는 자신에 집착하고 있는 것이다. 그는 하느님께 눈을 돌리지 않고 자기 자신을 향해 눈을 돌린다. 많은 경건한 이들도 자기들은 하느님께 기도하고 있다고 생각한다. 그러나 그들은 자신에 집착하고 있다. 그들은 자기 자신에게 기도하는 것이다. 그들은 자기 자신을 경배하는 것이다. 그들은 자신의 위대함을 부각시키기 위하여, 하느님과 사람들 앞에서 자신을 자랑하기 위하여 기도를 오용하고 있는 것이다.

그에 반해 세리는 자신과 하느님과의 거리를 느낀다. 그는 자기가 진실로 어떤 사람인지 하느님 앞에서 깨닫는다. 그래서 그는 가슴을 치면서 기도한다. "하느님, 이 죄인에게 자비를 베푸소서." 예수께서 몸소 이 두 가지 기도 방식에 대하여 평가를 내리신다. 의롭다고 인정받고 집으로 돌아간 사람은 바리사이가 아니라 세리였다. 세리는 하느님 앞에서 자신의 진실을 깨달았고 크게 반성하면서 그것을 그분 앞에 내놓았다. 바리사이는 자기 자랑만을 위해 하느님을 이용했다. 우리 자신을 숨김없이 하느님께 내놓는 기도만이 우리를 하느님께 향하게 하고 의롭게 만든다.

루가는 자신의 기도에 대한 가르침에서 기도에 대한 예수의 말씀만 전하는 것이 아니다. 거기에는 저자 자신의 인격이 포함되어 있다. 루가는 "시대정신에 충실하며 개방적이고 문제의식이 뚜렷한 작가"(Ernst 147)일 뿐 아니라 신심이 깊은 사람이기도 하다. 루가에게 기도는 하느님을 만나고 예수의 영에 가까이 가는 장소다. 그에게 기도는 부활의 체험이기도 하다. 그것에 대하여 루가는 사도행전에 쓰고 있다. 루가는 사도행전에서 스물다섯 번이나 기도에 대하여 말하고 있다. 초대교회는 기도하는 공동체다. 교회 공동체가 기도하면 그 장소가 흔들리고, 진동이 일어나고, 모든 사람들이 "성령으로 가득 찼다"(사도 4,31). 베드로가 감옥에 갇혀 있을 때, 교회 공동체는 "그를 위해 줄곧 하느님께 기도하고 있었다"(사도 12,5). 하느님께서는 당신의 천사를 베드로가 갇혀 있는 감옥으로 보내신다. 그러자 쇠사슬이 떨어져 나가고 문이 열린다. 우리가 삶의 역경 한가운데 있다

하더라도 기도 중에 우리는 하느님의 보호하심과 애정 깊은 돌보심을 체험할 수 있다. 기도 중에 우리는 예수의 영에 동참한다. 우리는 예수처럼 아버지께 우리 자신을 맡기는 것을 기도 중에 배운다. 기도 중에 하느님은 우리에게 아버지와 친구로서 가까이 계시다. 기도 중에 우리는 삶에 대한 권한을 경험한다. 기도하는 사람만이 예수께서 당신 복음과 삶으로 우리에게 알려 주고자 한 것이 무엇인가를 깨닫는다. 우리는 기도하면서 예수의 영을 향해 성장한다. 우리는 기도하면서 구원을 경험한다. 왜냐하면 기도 안에서는 이 세상의 힘들이 힘을 잃고, 죄책감이 그 힘을 잃기 때문이다. 기도 안에서는 무덤들이 열리고, 우리는 그리스도와 함께 참된 삶, 하느님 안에서의 삶을 향해 부활하게 된다.

예수는 하느님의 순례자이시다

먼저 기록된 마르코 복음과 비교할 때 눈에 띄는 루가 복음의 특징은 9장 51절부터 19장 27절까지 펼쳐지는 이른바 '여행 보도'다. 루가는 여기서 예수를 예루살렘을 향해 순례하는 분, 완성의 도시, 하느님의 모든 약속을 받은 도시를 향해 순례하시는 분으로 묘사한다. 그러나 예루살렘으로 가는 길은 예수께는 동시에 수난과 죽음과 부활을 향해 가는 길이기도 하다. 루가는 자신의 여행 보도에서 예수의 길을 우리의 길을 위한 모범으로 묘사한다. 예수께서는 삶의 영도자이시다. 그분은 우리보다 앞서 가신다. 우리의 과업은 그분을 따라가는 것이다. 그러면 우리도 참된 삶에 도달할 것이다.

루가는 이 여행 보도에서뿐 아니라 전체 복음에서

예수를 하느님의 순례자로 묘사한다. 예수께서는 인간과 함께 순례하기 위하여 그리고 계속 손님으로 그들을 방문하기 위하여 하늘에서 내려오신 분이시다. 이것은 전형적인 그리스식 모티프다. 그리스 신화들은 인간의 형상으로 출현하여 인간들이 신들의 생각을 지니고 있는지 시험하고 그 생각들을 인간에게 선사하기 위하여 인간들을 방문하는 신들의 이야기를 전한다. 루가는 이 모티프를 취하지만 변형시킨다. 예수께서는 인간을 시험하지 않는다. 그분은 인간을 가르치고 그들에게 하느님의 지극한 사랑을 보여 주신다. 예수 안에서 하느님 자신이 인간을 방문하신다. 하느님께서 인간을 방문하신다는 모티프는 「즈가리야의 노래」에서 벌써 두 번이나 나타난다: "당신 백성을 찾아와 속량하시고"(루가 1,68), "우리 하느님의 자비로우신 온정으로 말미암아 높은 데서 별이 우리를 찾아오셨다"(루가 1,78). 예수께서 나인이라는 고을을 지나시다가 죽은 젊은이를 다시 살리시자 백성은 고백한다. "우리 가운데 큰 예언자가 나타났다. 하느님이 당신 백성을 찾아오셨다"(루가 7,16). *episkeptomai*(찾아오다, 방문하다)라는 그리스 말은 본디 '보다, 자세히 보다, 바라보다, 살펴보다'라는 뜻이다. 그리스인들은, 하느님께서 인간을 더 잘 보시기 위하여 그리고 그에게 더 넓은 지평을 열어 주시기 위하여 예수 안에서 땅으로 내려오신 것이라고 상상하는 것이다. 예수께서는 우리에게 우리의 신적인 중심을 상기시키기 위하여 하늘에서 우리에게 내려오셨다는 것이다. 이것은 플라톤 철학에서 유래하는 한 모티프다. 즉, 각 사람은 하느님의 한 '생각'(Idea)이라는 것이다. 그러나 우리는 이 하느님의 생각을 어둡게 했고 왜곡시켰다는 것이다. 예수께서는 하느님께로부터 우리에게 오신 것이다. 그분은 우리가 우리 자신을 제대로 보고, 우리 안에서 신적인 중심을 찾고, 그리하여 우리의 참된 본질과 만나게 되도록 우리를 살펴보시는 것이다.

하느님의 순례자라는 이미지와 연관된 둘째 모티프는 '인간 방문'이다. 예수께서는 사람들과 식사를 하기 위하여 계속해서 그들을 찾아가신다. 신적인 손님으로서 그분은 선물들, 즉 구원과 평화, 은총(charis)과 기쁨을 가지고 사람들을 방문하신다. 예수께서는 식사 때 인간에 대한 하느님의 자비와 사랑에 대해서 말씀하실 뿐 아니라, 그것을 당신의 현존과 먹고 마심 그리고 함께 식사를 즐기는 사람들과의 연대감을 통하여 전달하신다. 어떤 복음서 저자도 루가만큼 그렇게 많이 예수의 식사에 대하여 이야기하지 않는다. 그것은 전형적인 그리스 모티프다. 크세노파네스와 플라톤은 그들의 철학을 손님들과 식사하는 자리 —

향연 ―, 즉 심포지엄Symposium에서 발전시킨다. 그리스 철학에는 풍성한 심포지엄 작품들이 있다. 루가는 이 모티프를 취한다. 예수께서는 특히 식사 때 사람들을 가르치신다. 그분은 식사 때 죄인들에 대한 하느님의 자비로우신 애정을 보여 주신다. 레위라는 세리와 그의 친구들과 함께하는 식사(루가 5,27-32 참조) 때 그렇게 하셨고, 바리사이와의 식사 때도 그렇게 하셨다. 그 식사 때 죄 많은 여자가 예수의 발에 향유를 바르기 위하여 찾아간다. 예수께서는 그에게 하느님의 용서를 분명히 약속하신다(루가 7,48 참조). 루가 복음의 중심, 즉 잃었던 아들 비유 이야기를 예수께서는 손님으로 초대받은 식사 때 하신다(루가 15,11-32). 그리고 그분은 죄인들과 함께 식사를 하는 이유를 설명하기 위하여 이 비유를 이야기하신다(루가 15,1-2 참조). 루가는 제자들과의 최후 만찬을 심포지엄으로 구성한다. 예수께서는 제자들과 함께 믿음과 제자 됨의 본질에 대하여 이야기하신다. 예수께서는 부활하신 다음에도 식사 때 제자들에게 나타나신다. 이렇게 예수께서는 매우 아름다운 엠마오 이야기에서 제자들과 함께 가시고 그런 다음 그들과 함께 식사를 하시는 순례자이시다. 부활하신 분께서는 우리와도 함께 가신다. 물론 우리는 그분을 못 알아볼 때가 너무도 많다. 하지만 우리가 빵을 서로 나누면 그분은 우리와 함께 계시다. 그러면 신적인 손님은 우리에게 당신 사랑을 선사하시기 위하여 그리고 우리가 하느님의 아들과 딸이라는 것과 신적인 품위와 신적인 중심을 가지고 있다는 것을 상기시켜 주시기 위하여 우리 곁에 계시게 된다.

루가는 'syn'(함께)이라는 전치사를 좋아한다. 우리는 예수와 함께 길을 가고 있다. 그분은 변모의 여정에 우리를 함께 데려가신다. 예수께서는 우리를 당신 이미지로 만들고자 하신다. 이것을 루가는 사도행전에서 보여 준다. '길을 걷는다'는 모티프는 예수의 제자들이 보여 주는 행적을 특징짓는다. 사도들은 예수의 복음을 전하기 위하여 로마제국을 돌아다닌다. 예수의 영으로 가득 찬 그들은 하느님의 구원을 사람들에게 가져다준다. 예수께서 갈릴래아에서 예루살렘으로 순례하시어 그곳에서 당신의 운명과 하느님의 약속을 실현하셨다면, 예수의 제자들은 예루살렘에서 로마제국의 수도인 로마로 순례한다. 세계의 중심이 예수의 복음으로 밝아질 것이다. 온 세상이 예수의 영으로 가득 찰 때에야 예수의 역사는 비로소 완성될 것이다. 예수의 제자들에 대한 사람들의 반응은 예수에 대한 반응과 비슷하다. 그 반응들은, 하느님 자신이 제자들 안에서 인간을 찾아오셨다는 인상을 준다. 바울로 사도가 리스트라에서

걷지 못하는 한 사람을 치유하자 사람들은, 신들이 인간의 형상으로 그들에게 내려왔다고 믿는다(사도 14,11 이하 참조). 그리고 바울로 사도가 아무 해도 입지 않고 자기를 문 뱀을 불에 털어 버리자, 그것을 본 사람들은 "그를 신이라고"(사도 28,6) 생각한다.

루가는 예수께서 예루살렘을 향해 올라가시는 긴 여정을 이런 말로 묘사하기 시작한다. "하늘에 맞아들여질 날이 다가오자 예수께서는 예루살렘에 올라가기로 마음을 굳히셨다"(루가 9,51). 루가가 즐겨 사용하는 '하늘에 맞아들여질 날'이라는 말은 승천뿐만 아니라 죽음과 부활 그리고 하늘에 맞아들여짐이라는 세 단계 전체를 아우르는 의미를 가지고 있다. 예수께서 가시는 여정의 목표가 바로 이 하늘에 맞아들여짐이다. 그분은 하늘에서 내려오셨다. 그리고 이제 그분은 다시 하늘에 맞아들여지는 것이다. 하지만 이 목표에 다다르는 여정은 수난과 죽음을 지나가야 한다. 그것은 예수와 함께 많은 역경을 통하여 하느님 나라에 이르는(사도 14,22 참조) 우리에게도 마찬가지다. 예수께서는 인생의 안내자이시다. 인생의 안내자로서 그분은 우리를 위해 참된 삶을 향한 길을 열어 주신다. 이렇게 루가는 길을 간다는 모티프를 통하여 그가 예수를 통한 구원을 어떻게 이해하는지 설명하는 것이다.

루가는 속죄와 희생 제물과 같은 개념들을 피한다. 왜냐하면 그런 개념들은 그리스인들에게 이해되지 않는 것들이기 때문이다. 그리고 우리도 오늘날 그런 개념이나 관념들을 이해하기가 어렵다. 하지만 예수께서 우리에 앞서 가시면서 진정한 삶을 향한 길을 열어 놓으셨다는 표상은 우리도 충분히 이해할 수 있다. 사람들은 예부터 자신의 삶을 '여정'으로 생각했다. 영성의 전통 안에도 우리를 하느님께 인도하는 다양한 영적 여정이 있다는 것을 우리는 알고 있다. 우리는 인간으로서 항상 길을 가고 있다. 우리는 서 있을 수 없다. 우리는 걸어가면서 변한다. 예수께서는 당신의 삶을 지속적인 걷기라고 생각하셨다. "오늘도 내일도 그다음 날도 나는 내 길을 가야 합니다"(루가 13,33). 그분이 가시는 길의 목표는 예루살렘이다. 왜냐하면 "예언자가 예루살렘 밖에서 죽을 수는 없기"(루가 13,33) 때문이다. 루가가 수난의 장소인 예루살렘을 향해 가는 예수의 여정을 묘사하는 것은, 우리에게 인생 여정에서 겪게 되는 모든 역경들을 신뢰와 용기를 가지고 꿋꿋하게 극복하라고 용기를 주려는 의도도 있다. 왜냐하면 우리의 인생 여정도 하느님의 영광을 맛볼 것이기 때문이다. 우리도 죽음에서 하느님 나라, 하늘에 맞아들여질 것이다. 예수의 죽음과 부활은 우리에게서 삶의 여정에

도사리고 있는 위험들과 위기들에 대한 두려움, 인생 계획의 실패와 멸망에 대한 두려움을 거두어 갈 것이다. 그 모든 것들은 우리가 예수와 함께 하느님의 영광 안으로 들어가기 위해 통과해야 하는 역경일 뿐이다.

예수의 길을 동행한 사람들은 남자들뿐 아니라 여자들도 있다. 루가만이 분명하게 예수의 여정을 동행한 여자들의 이름을 언급한다. "열두 제자도 함께 다녔다. 그리고 악령에서 벗어나 질병에서 낫게 된 여자들도 더러 있었는데, 곧 일곱 귀신이 쫓겨난 바 있는 막달라 여자라는 마리아, 헤로데의 신하 쿠자의 아내인 요안나, 그리고 수산나, 그 밖의 여러 여자들이었다. 그들은 자기네 재물로 예수 일행을 시중들고 있었다"(루가 8,1-3). 여자들은 예수를 십자가 상에서 죽기까지 동행한다. 그리고 그들은 가장 먼저 예수의 무덤에 서둘러 가, 그곳에서 예수의 부활을 알려 주는 두 천사를 만난다. "여기 계시지 않고 부활하셨소. 그분이 전에 갈릴래아에 계실 적에 (그대들에게) 말씀하신 것을 상기하시오"(루가 24,6 참조). 이 '그대들에게'라는 말이, 예수께서 갈릴래아에 계실 때 남자 제자들뿐 아니라 여자들에게도 말씀하셨다는 것을 말해 준다. 그 여자들 역시 예수의 제자들이다. 이것은 그리스도 교회에게도 유효하다. 루가에게 남자들과 여자들은 예수의 동등한 제자들이다. 그렇다, 여자들은 많은 경우, 예수의 말씀들이 무엇을 의미하는지 남자들보다 먼저 알아들었다. 그런데 남자들은 여자들이 체험한 것과 말하는 것을 너무나 자주 무의미한 수다로 치부한다(루가 24,11 참조).

루가는 그리스도인의 길을 '추종'으로 묘사한다. 우리의 과업은 예수를 추종하는 것이다. 이것은 긴 여행 이야기의 처음에 잘 드러나 있다. 예수께서는 사마리아인들로부터 거절당하신다. 그분은 환영받지 못한 채 이 세상을 떠돌아다니는 고향 잃은 사람이다. 우리 그리스도인들도 이 세상에는 고향이 없다. 루가는 이것을 한 이야기에서 다음과 같이 표현한다. "일행이 길을 갈 때, 어떤 사람이 '어디로 가시든지 따르겠습니다' 하자 예수께서 말씀하셨다. '여우도 굴이 있고 하늘의 새도 보금자리가 있지만 인자는 머리 둘 곳조차 없다오.' 한 다른 사람에게는 '나를 따르시오' 하셨는데, 그가 '주님, 먼저 제 아버지 장사를 치르고 오도록 허락해 주십시오' 하니 이렇게 말씀하셨다. '죽은 이 장사는 죽은 이들이 치르도록 내버려 두고 그대는 가서 하느님 나라를 알리시오.' 또 다른 사람이 '주님, 따르겠습니다! 다만 먼저 집에 있는 사람들과 작별인사를 나누도록 허락해 주십시오' 하자 예수께서 말씀하셨다. '손에 쟁기를 잡고 뒤돌아보는 사람은 하느님 나라에 합당하지 않습니다'"(루가 9,57-62).

루가는 여기서 우리에게 예수 추종에 대한 세 가지 그림을 보여 준다. 예수를 따른다는 것은 이 세상에 마지막 안식처가 없음을 아는 것이다. 가족도 집도 우리가 쉴 수 있는 보금자리를 제공해 주지 못한다. 우리 인간은 신적인 중심을 가지고 있다. 그 중심이, 우리가 하느님 안에서 우리의 고향을 찾을 때까지 계속 길을 가도록 우리를 부추긴다. 예수께서는 그를 따르고자 하는 사람에게 그리스인들에게도 알려져 있는 격언으로 대답하신다: 동물들도 모두 보금자리가 있지만, 사람은 보금자리가 없다. 사람이 진정으로 편하게 쉴 수 있는 보금자리는 오직 하느님뿐이다. 왜냐하면 인간은 본질적으로 하느님께 속해 있기 때문이다.

예수를 추종하는 것에 대한 둘째 그림은 그의 도전적인 말씀으로 절정에 이른다. "죽은 이 장사는 죽은 이들이 치르도록 내버려 두어라." 돌아가신 아버지의 장례를 지내는 것은 이스라엘에서 신성한 의무였다. 예수께서 이 의무에서 벗어나라고 요청하는 것은 분명 아니다. 그분의 말씀은 상징적인 의미를 담고 있다. 많은 사람들은 성인이 되어서도 계속 자기 아버지에게 집착하기 때문에 자신의 고유한 길,

하느님께서 그들을 위해 계획하신 그 길을 찾지 못한다. 그들은 자신의 아버지를 아직 묻지 않은 것이다. 그들은 아직도 아버지로부터 자유롭지 못한 것이다. 예수를 따른다는 것은 가족과의 모든 묶임으로부터 벗어나는 것을 의미한다. 하느님의 나라가 아버지와의 관계보다 더 중요하다. 하느님께서 인간의 마음을 다스리시면, 더 이상 육적인 아버지의 기대에 부응하는 것이 관건이 아니다. 예수의 길은 우리를 자유로 인도한다. 그리고 그분은 삶의 목적이 무엇인지 우리에게 보여 주신다. 예수께서 당신 말씀과 모범으로 우리에게 열어 주신 삶과 비교할 때, 아버지의 장례를 지내는 것, 유산 분쟁에 휘말리는 것, 그 모든 것은 죽음이다.

예수 추종에 대한 처음 두 상징은 마태오 복음에도 짤막하게 나오는데(마태 8,18-22), 셋째 상징은 루가 복음에만 나온다. 루가는 이 상징을 사용할 때 예수 당대의 제자들뿐 아니라 우리 그리스도인들도 염두에 두고 있는 것이다. 많은 이들은 자기 마음속에서 자신의 길이라고 생각한 그 길을 가고 싶어 한다. 그들은 자신의 내면에서 들리는 예수의 음성을 따르고 싶어 한다. 그러나 그들은 먼저 그들의 가족에게 작별 인사를 하려고 한다. 그들은 모든 주변 사람들에게 자신의 길에 대하여 설명하고 싶어 한다. 아마도 그들은 모든 사람들의 인정과 칭찬을 받으며 자신의 길을 가고 싶은지도 모른다. 그러나 예수께서는 다시 단호한 말씀으로 왼쪽이나 오른쪽으로 곁눈질하지 말고, 보장된 삶을 구하지도 말고, 가족이나 친척들 그리고 친구들의 동의를 받으려 하지 말고 자신의 내적인 부르심을 따르라고 요청하신다. 예수가 어떤 분이시고, 나를 어디로 인도하시고자 하는지 마음에 확신이 오면 나는 뒤를 돌아보지 말고 그분을 따라야 한다. 뒤를 돌아보고, 자기 마음의 밭에 남긴 고랑 — 흔적 — 이 똑바른지 감독하려는 사람은 밭을 제대로 가꿀 능력이 없는 사람이다. 그에게서는 아무것도 자라지 않는다. 하느님 나라는 우리의 시선을 앞을 향하도록 해 준다. 예수께서 하신 말씀의 뜻은 이렇다: 하느님은 뒤에 있는 모든 것을 깨끗하게 날려 버리실 정도로 단호한 분이시다. 하느님은 길을 가라고 우리를 재촉하신다. 그분은 우리에게 미래를 열어 주신다. 하느님께서 순간마다 우리에게 원하시는 것이 무엇인지 알아듣고 그것을 따를 수 있기 위해서 우리는 상처와 향수를 포함한 모든 과거를 땅에 묻어야 한다.

예수를 추종하는 것은 십자가의 추종이다. 루가 복음에서 예수께서는 자신의 십자가를 지라고 제자들을 두 번 초대하신다. "제 십자가를 짊어지고 내

뒤를 좇아오지 않는 사람은 내 제자가 될 수 없습니다"(루가 14,27). 그리고 "누구든지 내 뒤를 따르려면 자기 자신을 버리고 날마다 제 십자가를 지고 나를 따라야 합니다"(루가 9,23). 첫째 말씀은 예수 추종의 진지함을 보여 준다. 예수를 따르려는 사람은 자신의 길도 십자가, 박해, 적대 그리고 결국에는 죽음으로 이어지는 길이라는 것을 염두에 두어야 한다. 둘째 말씀은 십자가의 추종을 영적인 길로 풀이한다. 루가는 여기서 '매일'이라는 말을 덧붙인다. 여기서 십자가는 매일 겪는 일상적인 역경들과 갈등들을 가리키는 상징이다. 우리는 매일 어떤 방해에 부딪친다. 매일 사람들은 우리를 실망시키고 우리에게 상처를 준다. 매일 겪는 힘든 도전을 십자가로 이해한다면, 우리는 그런 도전 때문에 무너지지 않을 것이다. 그러면 십자가는 우리를 그리스도와의 더욱 깊은 연대로 이끌어 줄 것이다. 십자가는 우리의 자화상을 깨뜨린다. 우리는 종종 우리 자신에 대한 비현실적인 이상향을 지니고 일상을 산다. 우리는 하느님의 뜻을 따르고 있다고, 우리의 의무를 다하고 있다고 생각한다. 그런데 누군가 우리를 비판하고 부당하게 대하거나, 상처 주고 힘들게 하면 우리는 모욕을 느끼고 그 상황을 원망한다. 예수께서는 하느님을 위해 이런 일상적인 어려움을 통하여 자신의 자화상을 깨라고 우리를 초대하고자 하신다. 나에게는 이것이 '자신을 버린다'는 뜻이다. 자기포기에 대한 이 말씀은 자주 오해되었다. '자신을 완전히 포기해야 한다', '자신의 가치를 폄하해야 한다', 혹은 '자신을 굽혀야 한다'는 뜻으로 오해하는 경우가 너무 많았다. 그리스어 arneisthai는 '부정하다', '저항하다', '거리를 두다'라는 뜻이다. 그러니까 진정한 '자기'를 찾기 위해 삶에서 겪는 십자가의 경험을 통해 자신을 과장하고, 모든 것이 오직 자기를 위해 있어야 한다고 착각하는 '자아'Ego를 부정해야 한다는 말이다. 우리는 자아 안에서 진정한 인격적 중심을 인식하기 위하여 모든 것을 자신에게 끌어 모으려고 하는 그 자아에 대하여 거리를 두어야 한다. 예수의 이 말씀은 인생을 특별히 어렵게 만들라는, 무거운 짐을 짊어지라는 요구가 아니라 하느님을 위해 삶과 일상의 어려움을 통하여 자신의 자화상을 깨라고 우리를 초대하시는 말씀이다. 그러면 삶은 나를 하느님께 인도한다. 그러면 십자가는 삶을 위한 열쇠가 된다. 십자가는 나에게 내 영혼의 심연으로 들어가는 문, 나 자신의 중심으로 들어가는 문을 열어 줄 것이다. 그 중심에서 나는 성공과 행복을 넘어, 인정과 애정을 넘어, 비판과 모욕을 넘어, 내가 본디 어떤 사람인지 체험하게 된다.

수난 이야기

마르코와 마태오처럼 루가도 우리에게 예수의 수난, 십자가를 통하여 부활에 이르는 예수의 길에 대하여 이야기한다. 하지만 루가는 예수 수난의 의미를 자신의 고유한 방식으로 해석한다. 루가는 첫째, 고난을 통하여 십자가 상의 죽음과 부활에 이르는 예수의 길을, 우리가 그 안에서 우리의 길을 볼 수 있도록 묘사한다. 루가는 자신이 묘사하는 수난 이야기를 통하여 우리에게 자신의 십자가의 길을 가라고 초대하고자 하는 것이다. 루가는 예수께서 가신 길을 보여 줌으로써 일상에서 겪는 역경들을 회피하지 말고 그 한가운데를 지나가라고 우리에게 용기를 주고 싶은 것이다. 예수께서 십자가를 거쳐 부활에 이르는 당신의 길을 가셨듯이 우리도 "많은 환난을 거쳐 하느님 나라에 들어가야"(사도 14,22) 할 것이다. 루가는 수난에서 참인간 예수를 본다. 그분은 우리가 어떻게 자신의 길을 제대로 가고, 역경 한가운데서 인간친화성(philanthropia) ─그리스의 이상─ 을 잃지 않을 수 있는지 보여 주시는 참으로 의로운 인간이시다.

루가가 자신이 묘사하는 수난 이야기에 끌어들이는 둘째 모티프는 '구원'이다. 루가는 이 나자렛 예수께서 당신의 죽음과 부활을 통하여 어떻게 우리를 구원하시고 치유하시는지 보여 주고자 한다. 여기서 루가는 그리스인들이 이해하기 힘들어하는 '속죄와 희생 제물' 같은 유다교 개념들을 배제한다. 그런 개념들은 오늘날 우리에게도 골치 아픈 개념들이다. 루가는 십자가가 가지고 있는 구원의 의미를 다르게 본다. 예수께서는 삶의 영도자이시다(archegos tes zoes). 그분은 우리보다 앞서 가신다. 그분은 우리가 하느님의 영광에 이르는 길을 가신 그분을 따를 수 있도록 그 길을 열어 주신다. 하느님의 영광(doxa theou)은 동시에 하느님께서 만드신 우리 각 사람의 형상이다. 예수의 길은 그러니까 하느님께서 만드신 우리 각자의 유일무이한 이미지 ─ 하느님의 모상 ─ 에 이르는 길이다. 예수께서는 진정으로 의로운 인간이시다. 그분을 바라보면 우리는 바르게 되고, 하느님을 향하게 되고, 우리의 본디 품위를 되찾게 되며 하느님을 통해 의로워진다.

   루가가 그리스인들과 오늘날 우리에게 전하고 싶은 메시지는 이렇다. '예수께서는 구원자이시다! 그분은 십자가 상의 죽음을 통하여 우리를 구원하셨다.' 그런데 우리는 이것을 어떻게 이해해야 하는가? 어떻게 그 옛날 십자가 상에서 일어난 일이 오늘 우리를 위해 치유하고 구원하는 효력을 가질 수 있는가? 루가는 예수를 통한 구원을 설명하기 위하여 그리스인들에게 익숙한 두 가지 사고방식을 활용한다. 첫째 사고방식은 '연극'에 대한 관념이다. 루가는 예수의 길을 연극으로 묘사한다. 이 연극의 절정은 예수의 십자가 상의 죽음이다. 이 연극을 "구경하러 몰려온 군중도 일어난 일을 보고는 가슴을 치며 돌아갔다"(루가 23,48). 그리스인들에게 연극은 마음 깊은 곳을 건드리는 무엇이다. 사람은 연극을 볼 때 이야기와 무관한 구경꾼으로서 보지 않고 그 연극 안에 빠져든다. 연극은 인간의 정서와 감정들을 정화하고자 한다. 연극은 인간의 양지와 음지, 성공과 실패, 마음의 모든 심연을 묘사함으로써 인간의 마음을 깨끗하게 해 주고 정화(카타르시스)시켜 준다. 연극은 인간을 변화시킨다. 루가가 자신의 복음서, 그중에서도 수난 이야기에서 보여 주는 연극을 봄으로써 우리는 변화된다. 우리는 그 당시의 관객들처럼 가슴을 치고 생각을 바꿔야 할 것이다. 우리는 그렇게 새로운 길, 참삶으로 인도하는 길을 가기 위해서 우리 가슴에 감동을 받아야 할 것이다.

루가가 예수의 죽음이 지니고 있는 치유하고 구원하는 효력을 설명하기 위해서 이용하는 둘째 사고방식은 '의로운 사람'의 이미지다. 예수께서는 참으로 의로운 사람이다. 루가 복음에서 백인대장은 (마태오 복음과 마르코 복음에서처럼) 예수께서는 하느님의 아들이라고 고백하지 않고, "참으로 이 사람은 의로운 분이셨다"(루가 23,47)라고 고백한다. 루가는 예수를 의로운 사람에 대한 그리스적 갈망의 실현으로 설명하고자 한다. 그리스 철학에서는 선, 아름다움, 적당함 그리고 의로움이 참된 사람의 특징이다. '정의'는 플라톤에게 네 가지 최고 덕목 가운데 첫째 덕목이다. 네 가지 최고 덕목은 마음의 모든 부분들에 해당되고, 그것들을 서로 하나 되게 해 준다. 정의는 '최고의 마음 상태'(RAC 256)나. 정의의 목표는 '마음 돌보기'(RAC 257)다. 십자가 상의 예수께서는 의로운 사람이다. 그분은 의로운 사람이 어떤 모습이고, 최고의 마음 상태가 어떤 것인가를 보여 준다. 그리고 예수께서는 우리가 올바르게 살 용기를 가지도록 우리의 마음을 돌보시는 분이시다. 플라톤은 대화편

『고르기아스』에서 스승 소크라테스를 정의의 본보기로 묘사한다. 죽음을 당하는 것이 의로운 사람에게는 대수롭지 않은 일이다. 소크라테스는 자신을, 아이들의 상처를 치유할 쓴 음료를 그들에게 주었다고 요리사에 의해 고소당하는 의사에 비유한다. 소크라테스처럼 예수께서는 사람들의 입맛에 맞는 말씀을 하지 않으셨다. 그분은 우리의 병을 치유하는 약을 주시는 의사이시다. 하지만 그분은 자기 자신과 자신의 안녕만 생각하는 요리사와 사람들에 의해서 고소당했다. 백인대장의 입으로 예수를 의로운 사람이라고 선포하면서 루가는 그리스인들에게 다음과 같이 말하려는 것이다. "이분이야말로 여러분이 플라톤 이후로 기다려 온 바로 그 '참으로 의로운 사람'이다. 그분은 여러분의 마음을 치유하시는 의사이시다. 그분을 바라보면 그대들 자신이 의로워지고, 하느님을 향하게 된다. 십자가에 달리신 예수를 보면 그대들은 올바른 사람이 된다. 그분은 그대들에게 자신과의 일치를 이루어 주신다." 루가는 이것을 구원, 해방 그리고 치유라고 보았다.

예수의 고별 만찬

나는 루가가 예수의 수난 이야기를 그리스인들을 위해서 (그리고 오늘날 우리를 위해서) 어떻게 번역하고 이해시키려고 시도하는지 몇 가지만 예를 들어 보여 주고 싶다. 그 시도는 루가가 식탁 설교가 있는 성찬으로 묘사하는 예수의 고별 만찬으로 시작된다. 소크라테스가 독배를 마시고 죽기 전에 자신의 중요한 철학적 통찰들을 말했던 것과 유사하게 이별을 앞둔 예수께서는 제자들에게 당신의 유언을 말씀하신다. 이 고별 만찬에서 예수께서는 제자들에게 다시 한 번 당신의 사랑을 보여 주신다. 예수께서 통상적으로는 식사 때 죄인들에게 하느님의 자비로우심을 증명해 보여 주셨다면, 그분의 사랑은 제자들에게 당신 자신을 빵과 포도주의 상징으로 주시는 데에서 절정에 이른다. 그분은 제자들과 함께 "이 해방절 음식을 나누기를"(루가 22,15) 그리고 그들에게 부수어진 빵과 잔의 상징적인 행위로 당신 사랑의 유언을 남겨 주시기를 간절히 바랐다. 제자들이 공동체로서 함께 모여 서로 빵을 나눌 때, 그들은 예수의 사랑을 기억하게 되고, 십자가 상의 헌신에서 절정에 이른 예수의 사랑을 체험하게 된다.

식사 후에 식탁 설교가 시작된다. 루가가 여기서

부각시키는 가장 중요한 주제는 지배와 섬김이라는 주제다(루가 22,24-27 참조). 주님이신 예수께서는 제자들의 봉사자, 섬기는 자(diakonos), 식탁 봉사자가 되신다. 식탁 봉사자는 삶을 위해 봉사하는 사람이고, 공동체를 위해 즐거운 축제를 마련하는 사람이며, 사람들에게 활기와 기쁨을 주는 사람이다. 예수께서는 이 말씀을 통하여 당신 소명의 본질을 표현하고자 하신다. 그분은 민족들의 왕처럼 다른 사람들 위에 군림하시지 않는다. 그분은 사람들이 기쁨에 차서 하느님의 선물을 즐길 수 있도록 그들에게 봉사하신다. 하지만 그분의 봉사 자세는 제자들에게도 본보기가 되어야 한다. 자신이 대단하다고 믿고 싶어서 다른 사람들을 작게 만들어서는 안 된다. 예수께서는 모든 관계를 완전히 뒤집는 전환을 보여 주신다. 지도자는 섬기는 자가 되고, 가장 큰 사람은 가장 작은 사람이 될 것이다. 그리스도인은 사람들 안에서 하느님이 선사하신 삶을 일깨우는 사람이다.

그런 다음 예수께서는 베드로에게 그의 형제들을 굳건하게 만들라고 경고하신다. 그것이 제자들에게 하신 예수의 유언이다. 예수께서 십자가 상에서 죽으심으로써 제자들은 믿음의 시련을 겪을 것이다. 그렇지만 예수께서는 믿음이 꺼지지 않도록 그들을 위해, 여기서 대표적인 제자 모습으로 나타나는 베드로를 위해 특별히 기도하신다. 그러나 베드로 자신은 회개해야 한다, 의식을 전환해야 한다. 그래야만 그는 형제들을 믿음 안에서 굳세게 할 수 있다.

그런 다음 루가는 예수님 스스로 시련을 겪고 하느님의 뜻을 따르려고 어떻게 기도하면서 분투하는지 묘사한다. 루가는 올리브 산 장면을 제자들에 대한 예수의 요구로 시작한다. "유혹에 빠지지 않도록 기도하시오"(루가 22,40). 오직 기도 안에서 예수께서는 자신의 유혹을 극복할 수 있다. 그리고 오직 기도만이 앞으로 겪게 될 수많은 시련 앞에서 제자들을 굳세게 만들 것이다. 올리브 산에서 예수께서는 한계에 이르신다. 십자가의 길이 인간적으로 무리라는 것을 그분은 느끼신다. 예수께서는 자신의 두려움과 싸우신다. 그분은 '단말마'에 빠지신다. '단말마'는 "다가오는 결정과 죽음 앞에서 느끼는 마지막 긴장"(Grundmann 412)이다. 죽음의 공포에 싸여 이마에 흐르는 땀이 핏방울처럼 되어 "땅에 떨어졌다"(루가 22,44). 하늘의 천사가 나타나 그분의 기운을 북돋아 드린다. 루가는 여기서 예수를 기도하는 사람의 원형으로 묘사하고 있다. 기도하지 않는다면 우리는 힘없이 두려움에 빠져든다. 기도는 우리에게 삶의 유혹과 시련을 극복할 수 있는 힘을 준다. 우리는 기도할 때 혼자가 아니다. 하느님께서는 우리에게도 당신의 천사를 보내시어 우리를 보호하게 하고 우리에게 삶을 위한 새로운 힘을 주게 하실 것이다.

예수의 수난 여정

예수께서는 기도하신 다음에 고난의 길을 갈 수 있는 힘을 얻으셨다. 고난의 길은 체포로 시작된다. 루가는 자신의 수난 이야기에서 마르코 복음의 많은 부분을 전수한다. 그렇지만 그는 수난 이야기를 묘사하면서 자신만의 색깔을 가지고 있다. 루가 복음에서 예수께서는 마르코 복음에서보다 더 주도적으로 행동하신다. 그분은 먼저 배반자에게 말씀을 건네신다. "유다, 입을 맞추어 인자를 넘겨주려 합니까?"(루가 22,48). 당신의 제자들 중 한 사람이 대제관의 종을 칼로 쳐서 오른쪽 귀를 잘라 버리자 예수께서는 그를 치유해 주신다. 수난을 당하는 중에도 그분은 적대자들의 상처를 염려하시는 의사이시다. 루가 복음에서 예수를 체포하는 이들은 유다인들만으로 이루어진 그룹이다. 루가는 예수를 십자가에 처형하는 사건에서 로마인들의 역할을 최소화하고 모든 탓을 유다인들에게 미루려는 경향이 있다. 여기에는 로마제국에서 그리스도교를 친로마적으로 만들려는 의도가 담겨 있다. 역사가인 루가는 여기서 역사적 사실을 전하지 않고 그 의미를 해석한다. 루가는 예루살렘의 법적 상황을 잘 모른다. 그래서 루가는 대사제의 집에서 일어난 일과 베드로의 배반 그리고 헤로데 군사들의 조롱 등에 대한 이야기를 독자들에게 긴장감 넘치고 설득력 있게 묘사하는 데 심혈을 기울인다. 루가가 쓰는 이야기 어디서나 우리는 극적·예술적 구성에 천부적 감각을 지닌 작가를 만난다.

유다인의 무리는 예수를 빌라도 앞으로 끌고 간다. 루가는 잔인한 로마 총독인 빌라도를 이해심 많은 인물로 묘사한다. 루가는 이 로마제국의 통치자를 예수의 무고함을 증언하는 증인으로 만들고 싶은 것이다(Grundmann 421 참조). 루가만이 빌라도가 예수를 헤로데에게 넘기는 이야기를 한다(루가 23,6-12 참조). 루가는 빌라도 옆에다 헤로데도 예수의 무죄를 증언하는 증인으로 끌어들이고 싶은 것이다. 루가는 헤로데를 기적과 특별히 고매한 말씀과 같은 흥미로운 일을 좋아하는 그리스의 교양인으로 묘사한다. 하지만 예수께서는 헤로데의 기적에 대한 기대를 실망시키신다. 그분은 침묵하신다. 그분의 '침묵'은 하느님 종의 표징이고, 이것을 유다인들은 잘 안다. 하지만 그리스인들도 신성의 표징으로서의 침묵을 알고 있었다. 예수의 침묵 때문에 헤로데의 호기심 어린 환심은 업신여김과 조롱으로 돌변한다. 헤로데는 교양 있고 현명한 사람이 아니라 센세이션에만 관심 있는 사람이다. 그래서 예수를 만남으로써 그의 진짜 본질이 드러난 것이다. 예수의 수난에 대한 연극을 살펴봄으로써 우리는 우리 자신의 진실과 직면하게 된다. 우리는 자신이 진정 어떤 사람인지 알게 된다. 우리의 본질이 드러난다. 헤로데는 예수에게 화려한 옷을 입혀 빌라도에게 돌려보냄으로써 자신의 오류를 증명했다. 헤로데와 빌라도는 이날 친구가 된다.

이제 빌라도는 수석 사제들과 지도자들을 불러 모은다. 그는 모든 이들에게 예수의 무고함을 알리고 헤로데를 예수의 무죄를 증명하는 증인으로 끌어들인다. 하지만 유다인 군중의 반응은 예수의 십자가 처형을 요구한다. 빌라도는 세 번이나 예수의 무죄를 강변한다. 그러나 유다인들이 질러대는 고함 소리가 더욱 거세진다. 루가는 빌라도가 예수의 사형을 언도했다고 분명하게 말하는 것을 피한다. 빌라도는 군중의 압력에 밀려 어쩔 수 없이 예수를 유다인들에게 넘겨준다. 이것은 분명 역사적인 사실은 아니다. 왜냐하면 로마인들에게만 죄인을 십자가에 처형할 권한이 있었기 때문이다. 루가는 로마 군인들이 예수를 조롱하는 이야기를 누락시킨다. 그는 유다인들이 예수를 십자가에 처형한 것처럼 묘사한다. 루가 복음에는 예수께서 십자가에 처형된 다음에야 비로소 로마 군인들이 등장한다.

예수께서는 십자가의 길에서 키레네 사람 시몬과 통곡하는 부인들을 만나신다(루가 23,26-31 참조). 예수께서 가시는 십자가의 길을 동행하는 이들은 또다시 남자들과 여자들이다. 양쪽 다 표양이 된다. 시몬이 십자가를 지고 예수를 뒤에서 따라가듯이 제자들도 십자가를 지고 예수를 따라야 한다는 것이다. 예수께서는 우는 여자들에게 말씀하신다. "예루살렘의 딸 여러분, 나 때문에 울지 말고 그대들과 자식들 때문에 우시오"(루가 23,28). 예수께서는 그들의 동정심을 바라지 않고 그들의 회개를 바라신다. 이것은 당연히 독자들에 대한 경고이기도 하다. 예수의 수난 이야기를 읽고 묵상할 때, 우리는 동정심에 빠질 것이 아니라 생각을 바꾸고 다르게 살아야 할 것이다. 예수의 수난 이야기는 우리의 생각과 행동을 변화시키고자 한다. 이 이야기는 우리를 변화된 사람으로 떠나보내고자 한다. 십자가 상의 죽음은 예수께서 당신 생애에서 주고자 하신 의식의 변화에 대한 웅장한 경고 말씀이다.

십자가 처형

루가는 십자가 처형에 대한 이야기도 절묘하게 구성했다. 여기서도 그는 양극성이라는 묘사 방식을 사용한다. 예수께서는 두 죄수, 죄를 뉘우치는 죄수와 완고한 죄수 사이에서 십자가에 못 박히신다. 예수의 십자가는 우리를 뉘우치게 할 수 있다. 그러나 우리는 십자가를 완고한 마음으로 바라볼 수도 있다. 그러면 십자가는 우리를 치유하고 구원하지 못한다. 십자가 상에서도 예수께서는 기도하는 분이시다. 그분은 자신을 십자가에 처형하는 사람들을 위해서 기도하신다. "아버지, 저 사람들을 용서하소서. 저들은 스스로 무슨 짓을 하고 있는지 모르옵니다"(루가 23,34). 예수께서는 십자가 상에서 모든 사람들을 위해 회개를 위한 가능성을 열어 주신다. 살인자들까지도 사랑하시는 예수의 사랑을 보는 사람은 자신도 용서받으리라고 믿어도 된다. 이렇게 예수의 십자가 처형은 하느님의 용서하시는 사랑을 끝까지 보여 준다. 루가에게서는 십자가를 통해 용서가 오는 것이 아니다. 여기서는 십자가가 용서를 표현하고, 이런 방식으로 우리 죄인들에게 용서를 전해 준다. 예수의 용서하시는 사랑을 보는 사람은 자신의 모든 죄가 용서되리라는 것을 마음으로 알게 된다.

"백성이 바라보고 있었다"(루가 23,35). 여기 한 연극이 백성들에게 제공되고 있다. 연극은 마음을 건드리고 정화하는 의미가 있다. 관객들은 우선 예수께서 어떻게 세 가지 양태로, 즉 지도자들에 의해, 군사들에 의해 그리고 왼편에 달린 사형수에 의해 조롱당하는지 본다. 이런 조롱에, 오른편에 달린 사형수의 고백이 맞선다. "우리야 저지른 짓에 마땅한 벌을 당연히 받고 있지만 이분은 아무것도 그릇된 일을 하시지 않았다"(루가 23,41). 그런 다음 그와 함께 십자가에 달린 사람은 예수께 그분의 나라에 들어가실 때 자기를 기억해 주십사고 청한다. 예수께서는 그에게 대답하신다. "진실히 말하거니와, 그대는 오늘 나와 함께 낙원에 있을 것입니다"(루가 23,43). 예수의 자비로운 사랑은 여기 십자가 상에서 완성에 이른다. 이 사랑은 모든 사람에게 죽음의 순간에도 회개의 기회를 준다. 그리고 오른편에 처형된 사형수에 대한 예수의 약속은, 우리도 죽을 때 예수에 의해 낙원으로 인도될 것이라는 약속이기도 하다. 죽음에서 오늘이 완성된다. 그때 예수의 죽음은 우리를 위해서 순수한 현재가 되고, 우리는 오늘 그분과 함께 하느님의 영광으로 들어간다는 확신을 우리에게 준다.

그런 다음 루가는 예수의 죽음을 묘사한다. 여기서 루가는 다시 역사가가 된다. 그는 죽음의 시간을 정확하게 말한다. 그러나 동시에 그의 시간 언급은 상징적인 의미를 가지고 있다. 한낮에 태양이 어두워지고 어둠이 온 땅에 덮인다. 예수께서는 절규하시면서 숨을 거두시지 않고 기도하시면서 돌아가신다. "아버지, 제 영을 당신 손에 맡기옵니다"(루가 23,46). 성전의 나팔 소리가 울려 퍼지고 저녁기도 시간임을 알리는 동안 예수께서는 시편 31의 말씀으로 기도하신다. 이 시편은 경건한 유다인의 저녁기도였다. 그러나 예수께서는 시편 기도의 말씀 앞에 당신의 아빠 호칭을 삽입한다. 그분은 죽으실 때 당신 아버지의 사랑스런 팔에 안긴 것이다. 죽음의 순간에 그분은 어린아이같이 친밀한 '아빠' — 사랑하는 아버지, 아빠 — 라고 부르는 당신 아버지에게 돌아가신 것이다. 죽음은 예수에게 — 루가는 이렇게 표현하고자 한다 — 끔찍한 무엇이 아니라 사랑의 완성이다. 예수께서 이미 어린아이로서 부모에게 했던 말씀이 죽음에서 완성된다. "제가 제 아버지 집에 있어야 할 줄을 모르셨어요?"(루가 2,49).

기도는 예수를 죽음의 문을 거쳐 아버지의 사랑스런 품으로 인도한다. 이것이 바로 루가가 예수의 죽음에서 보는 약속이다. 우리도 기도하면서 죽을 때, 무無로 떨어지지 않고 하느님의 사랑스런 품에 안기게 될 것이다. 예수께서는 숨을 내쉬신다. 그분은 당신의 영을 하느님께 돌려드리는 것이다. 여기서도 루가는 또다시 유다교적인 요소와 그리스적인 요소를 연결한다. 예수께서는 유다교 시편 말씀으로 기도하신다. 그러나 죽음 자체는 헬레니즘 세계의 언어로 묘사한다. 세네카도 비슷한 말로 헤라클레스의 죽음을 묘사했다. "나는 당신께 청합니다. 내 영을 별들 세계에 받아 주소서. 보라, 나의 아버지께서 나를 부르시고 하늘을 여신다. 제가 갑니다, 아버지, 제가 갑니다"(Grundmann 435).

예수의 죽음에 대한 반응

루가는 이제 예수의 죽음에 대한 세 가지 반응에 대하여 이야기한다. 세 가지 조롱에 대한 세 가지 긍정적인 반응이다. 우선 로마의 백인대장이 하느님을 찬양한다. 그러니까 그는 예수의 죽음에서 하느님 자신의 역사하심을 본 것이다. 그래서 그는 이 '사람'(Homo)을 위해 하느님을 찬양한다. 백인대장은 마태오 복음이나 마르코 복음에서와는 달리 이 사람이 하느님의 아들이었다고 고백하지 않고, "참으로 이 사람은 의로운 분이셨다"(루가 23,47)라고 고백한다. 플라톤은 한 심포지엄에서 우리처럼 악으로 가득 차 있지 않고 참으로 의로운 사람에 대하여 말한다. 플라톤에 의하면 이 의로운 사람은 사람들로부터 도시에서 쫓겨나 살해된다. 그리스인들이 갈망해 오던 그 의로운 사람이 바로 예수라고 루가는 이야기하고 있다. 물론 유다인들도 이 의로운 사람에게서 메시아에 대한 그들의 갈망이 실현되었음을 본다. 왜냐하면 메시아는 하느님께서 인간에게 보내신 의로운 분이시기 때문이다. 로마 백인대장이 예수의 본질을 의로운 사람으로 깨달음으로써 그에게는 하느님의 영광이 보이게 된다. 여기서 루가는 하느님과 예수의 관계를 묘사하고 있다. 그는 '하느님의 아들'이라는 개념을 사용하지 않고, 관객들의 눈에 하느님이 보이도록 인간 예수를 묘사한다.

둘째 반응은 군중에게서 나온다. 그들은 연극을 보려고 몰려든 사람들이다. 그리고 그들은 일어난 일을 유심히 보았다. 예수의 역사는 연극이다. 창작극이 아니라 실화극이다. 그러나 그 효과는 그리스 연극의 효과와 동일하다. 사람들은 "가슴을 치며" 충격에 싸여 "돌아갔다"(루가 23,48). 그들은 회개했다. 그들은 생각을 바꾸었다. 충격을 받았다. 의로운 사람의 죽음은 그들을 변화시켰다. 그들은 연극을 보러 올 때와는 다른 상태로 돌아갔다. 우리도 예수의 죽음을 단순히 객관적으로 바라볼 수 없다. 예수의 죽음을 진지하게 묵상하면, 정말로 그 죽음을 유심히 보면, 그 예수의 죽음은 우리를 변화시키고, 우리는 더 이상 지금처럼 살 수 없다. 그리스인들에게 하느님 체험은 본질적으로 '보는 것'을 지향한다. 십자가 상에서 죽으시는 예수를 봄으로써 나는 하느님을 보게 되고, 하늘이 열리는 것을 보게 된다. 십자가의 연극은 그렇게 하느님 체험의 핵심 장소가 된다. 무고하게 십자가에 달리고 심지어 자신을 죽이는 사람들을 위해서도 기도하시는 이 의로운 사람을 봄으로써, 내 눈은 하느님께 열린다. 그때 나에게 하늘이 열리고, 하느님 사랑의 신비가 드러난다.

예수의 죽음에 대한 셋째 반응은 예수를 알던 모든 사람과 "갈릴래아에서부터 함께 따라다니던"(루가 23,49) 여자들에게서 나온다. 루가는 그들이 멀찍이 서서 그 모든 것을 지켜보았다고 말할 뿐이다. 그들은 끝까지 예수와 함께 있었다. 그들은 거기에 서 있었고 예수께서 돌아가실 때도 도망가지 않았다. 그리고 모든 것을 보았다. 여기서 루가는 *theorein*(연극을 관람하다, 살펴보다, 깊이 생각하다)이라는 단어 대신 *horan*(보다, 꼼꼼히 살피다, 분명하게 기억하다)이라는 단어를 쓴다. 이것은 아직 그 의미를 알아듣지는 못하지만 모든 것을 기억에 새기는 감각적인 봄, 육안으로 본 것의 의미를 마음이 알아들을 때까지 사건으로부터 받은 인상을 마음 깊이 새기는 감각적인 봄에 가깝다.

그리고 루가는 다시 한 번 '봄'에 대하여 이야기한다. 여자들은 아리마태아 요셉이 예수의 시신을 십자가에서 내려 아직 아무도 묻힌 적 없는 바위무덤에 안장하는 것을 지켜본다. 여자들은 "무덤을 바라보며 시신이 어떻게 안장되는지 지켜보고 있었다"(루가 23,55). 루가는 여기서 *etheasanto*(그들은 보았다, 꼼꼼히 살폈다, 경이에 차서 보았다)라는 그리스어를 사용한다. 이 말은 영적인 봄을 묘사할 때도 사용된다. 이것은 통찰이고 알아들음이다. 예수께서 아직 아무도 묻히지 않은 바위무덤에 묻히심으로써, 그들은 이 사건의 의미에 눈을 뜬다. 불트만은 아직 사용된 적이 없는 이 바위무덤에서 예수의 '의례적인' 성격에 대한 암시를 본다(Grundmann 437). 그것은 그리스 신비 예식에서처럼 의례적인 봄이다. 여자들은 아직 사용된 적이 없는 무덤과 예수의 시신을 본다. 그리고 그들은, 하느님께서 여기 완전히 새로운 무엇, 한 번도 없었던 무엇, 본 적이 없었던 무엇을 하실 것임을 예감한다. 부활하실 때, 예수께서는 하느님의 투명성을 향해 부활하시게 될 것이다.

루가에게 예수의 죽음은 그리스도인의 죽음 모델이기도 하다. 그래서 루가는 사도행전에서 스데파노의 죽음을 예수의 죽음과 유사한 말로 묘사한다. 스데파노는 죽는 순간 예수의 신비에 눈을 뜬다. "스데파노가 성령으로 충만하여 하늘을 우러러보니 하느님의 영광과 하느님 오른편에 계신 예수께서 보였다. 그래서 '보시오, 하늘이 열리고 하느님 오른편에 계신 인자가 보입니다' 하고 말했다"(사도 7,55-56). 그때 그의 봄이 실현된다. 그때 그는 인간 예수만을 보는 것이 아니라 하늘이 열리는 것을 보고, 예수께서 하느님의 영광에 싸여 계시는 것을 본다. 루가는 스데파노의 죽음에서 예수 죽음의 의미를 해석한다. 십자가 상에서 이루어진 예수의 죽음을 묵상하며 바라보는 사람은 하늘이 열리는 것을 보게 된다. 그리고 그의 내면에서는, 자기도 죽을 때 보게 되리라는 신뢰가 자란다. 그때 그는 진정으로 하느님을 보게 될 것이고, 하느님 안에서 예수님을 보게 될 것이다. 예수께서는 하느님 오른편에 서 계시다. 그분은 부활하셨고, 이제 우리의 죽음도 잘 이루어지도록 늘 우리를 위해 계시다. 스데파노는 다음과 같이 말하면서 죽는다. "주님 예수님, 제 영을 받으소서"(사도 7,59). 예수께서는 당신의 영을 하느님께 넘겨드리셨다. 우리가 죽을 때, 예수께서는 아버지와 함께 계시는 공동체로 우리를 영원히 받아 주실 것이다.

부활 이야기

루가는 우리에게 부활에 대해서뿐 아니라 예수의 승천에 대해서도 이야기하는 유일한 복음서 저자다. 예수께서는 우리 인간과 함께 길을 가시고, 우리의 길을 함께 가시기 위하여 하늘에서 내려오신 분이시다. 그분은 죽음과 부활을 통해 하늘로 다시 돌아가신다. 그곳에서 그분은 하느님의 오른편에 앉으시고 우리를 위해 계시다. 그리고 예수께서는, 우리가 당신처럼 영의 힘으로 똑같은 일을 완성하고 하느님 나라의 복음을 온 세상에 전할 수 있도록, 우리에게 성령을 보내 주신다.

루가는 예수의 부활과 승천에 대한 복음에서 두 가지 생각을 전개한다. 그는 한편으로, 예수께서는 하느님의 영으로 가득 차 있고 하느님의 아들이시기 때문에 죽음에 머물러 있을 수 없다는 것을 진술하고 싶어 한다. 다른 한편 그는 예수 승천이라는 생각으로 그분의 역사하심이 지속된다는 연속성을 표현하고자 한다. 예수께서는 하늘에서 제자들을 위해 일하신다. 그분은 영이 제자들을 움직여 온 세상에 구원의 복음을 전하고, 사람들에게 삶에 이르는 길을 보여 주도록 당신의 영을 보내신다.

부활의 근거는 시편 16이다

루가는 자신의 부활신학을 특히 베드로의 성령 강림 설교에서 전개했다. 베드로는, 하느님께서 여러 기적과 이적과 표징으로 확인해 주신 예수님을 유다인들이 "무법자들 손을 빌려 십자가에 못 박아 없애 버렸습니다"(사도 2,23)라고 그들을 비난한다. "그러나 하느님이 그분을 죽음의 고통에서 풀어 다시 살리셨습니다. 그분이 죽음에 사로잡혀 계실 수는 없었기 때문입니다"(사도 2,24). 그런 다음 베드로는 부활의 근거로서 시편 16을 인용한다. 이 시편을 기도하는 이는 하느님을 늘 모시고 있다. 그가 경험하는 하느님과의 내적인 삶의 연대성은 죽음을 통해서도 깨질 수 없다는 확신을 그는 가지고 있다. "그러기에 마음은 기쁨에 설레고, 혀는 흥에 겨웠으며, 육신도 희망 속에 살리로다. 당신은 내 영혼을 저승에 버려 두지 않고, 당신 거룩한 자를 썩지 않게 하시리로다. 당신이 생명의 길을 알려 주셨으니, 나는 당신 얼굴 앞에서 기쁨에 넘치리로다"(사도 2,26-28). 예수께서는 자신을 가득 채운 영을 통하여 죽음을 통해서도 깨지지 않을 정도로 튼튼한 하느님과의 연대성을 체험하셨다. 하느님께서 친히 그를 다시 살리셨다. 그렇게 그분은 우리를 위해 "생명의 창시자"(사도 3,15)가 되셨다. *archegos tes zoes*(생명으로 이끄는 영도자, 생명의 선구자)라는 개념은 루가에게 부활신학의 중심 개념이 되었다(사도 3,15 참조). 예수께서는 당신과 연관된 사람들도 생명으로, 죽음을 통해서도 사라질 수 없는 생명으로 인도하실 것이다. 루가의 부활신학에서 중요한 것은 무엇보다도 생명에 대한 질문이다. 예수께서는 부활하신 분으로서 우리를 참생명으로 인도하신다. 사도들의 과업은 "생명의 말씀"(사도 5,20)을 전하는 것이다. 예수께서는 부활을 통하여 우리에게 "생명의 길"(사도 2,28)을 보여 주신다. 하느님께서는 이방인들에게도 "생명에 이르는 회개의 기회"(사도 11,18)를 선사하신다.

그리스인들만 생명에 대한 갈망을 아는 것이 아니다. 그 갈망은 오늘날도 마찬가지로 강렬하다. 젊은 사람들이 오늘날 가장 많이 갈망하는 것이야말로 '진정으로 사는 것', '충만하게 사는 것'이다. 생명이 최고의 선善이다. 루가는 이 갈망에 대한 답을 준다. 예수께서는 생명으로 인도하는 영도자이시다. 그분을 따르면 우리는 생명을 찾을 것이다. 루가는 부활에 대한 이 메시지를 그리스 사람들의 마음에 전하려고 했다. 우리를 생명이 아니라 실망으로 오도誤導하는 거짓 약속을 우리가 따라가지 않도록, 루가는 그 메시지를 오늘 우리에게도 전하고자 한다. 예수, 부활하신 분만이 우리를 참생명으로 인도하실 수 있다.

이제 우리는 복음서에 전해지는 부활 이야기를 간략히 살펴보자. 루가는 부활하신 분과의 만남을 자기 방식대로 묘사한다. 그는 전수한 자료들을 편집한다. 이 작업에서 루가는 매 주일마다 교회의 미사 성제에서 현재화되는 부활날에 대한 표상을 중심으로 생각한다. 루가는 부활 현상을 세 가지 그림으로 요약하고, 그 안에서 예수 그리스도와 제자들의 신비를 집약적으로 묘사한다. 마태오와 마르코가, 부활하신 분이 갈릴래아에서 나타나신 것으로 묘사하는 데 비해, 루가는 세 번 모두 예루살렘에서 일어난 것으로 묘사한다. 예루살렘은 부활의 장소이고, 구원의 복음은 예루살렘에서부터 온 세상으로 퍼져 나가야 한다. 루가는 세 가지 부활 그림에서, 부활이 오늘날 우리에게 어떻게 일어날 수 있는지 보여 준다. 이 그림들을 묵상하면 생명의 영도자께서 우리를 인도하고 싶으신 바로 그 삶이 우리에게 열린다.

무덤에 간 여자들

루가가 우리에게 그려 주는 첫째 부활 그림은 여자들이 빈 무덤에서 두 부활 천사를 만나는 그림이다. 여자들은 무덤에서 돌이 치워져 있는 것을 발견한다. 우리에게 부활이란 우리를 가로막고 있던 돌이 치워지는 것을 의미하고, 우리 안에 있는 생명이 더 이상 갇혀 있지 않는 것을 의미한다. 여자들이 당황한 상태에서 빈 무덤으로 들어가 보니 예수의 시신이 없었다. 그때 눈부시게 차려입은 두 남자가 그들에게 나타나 이렇게 말한다. "왜 살아 계신 분을 죽은 이 가운데서 찾고 있소? 여기 계시지 않고 부활하셨소. 그분이 전에 갈릴래아에 계실 적에 말씀하신 것을 상기하시오. 인자는 죄인들 손에 넘어가 십자가에 처형되었다가 사흗날에 부활해야 한다고 하셨소"(루가 24,5-7). 천사들은 여자들에게 격언을 들어 말한다. 살아 계신 분을 죽은 이들 가운데서 찾는 것은 쓸모없는 짓이다. 부활이란 삶을 뜻한다. 그리스도께서는 살아 계시다. 그리고 사람들은 살아 있는 사람을 무덤에서 찾지 않는다. 부활하신 분이신 예수를 만나려면, 우리는 그분을 과거나 죽은 문자들 혹은 굳어 버린 법과 계명에서 찾지 말아야 한다. 우리는 부활하신 예수님을 삶이 있는 곳에서 만나게 될 것이다. 예수께서는 우리를 삶으로 인도하고자 하신다. 우리의 시선은 앞으로 향해야지 과거로 향해서는 안 된다. 그분의 말씀이 옳은가 그른가에 대하여 논쟁하는 것은 무의미하다. 그 말씀들이 우리 안에서 깨워 일으키는 삶을 우리는 신뢰해야 한다.

마르코 복음에서 천사는 여자들에게 갈릴래아로 가라고 지시한다. 그들은 거기서 부활하신 분을 만나게 될 것이다. 루가 복음에서 천사들은 여자들에게 예수께서 갈릴래아에 계실 때 남녀 제자들에게 하신 말씀을 상기시킨다. 빈 무덤은 예수의 말씀을 새로운 빛으로 보게 한다. 부활이란 예수의 말씀에 대한 새로운 이해를 뜻한다. 예수의 부활을 근거로 예수께서 살아 계시는 동안 하신 말씀들을 상기함으로써 우리는 예수의 신비에 눈을 뜨게 된다. 부활은 예수께서 하신 말씀의 의미를 열어 주는 열쇠다. 여자들은 예수의 말씀을 기억하고 그 의미를 알아듣는다. 그들에게 부활은 예수의 말씀에 대한 새로운 이해에서 일어난다. 여자들은 예루살렘으로 돌아가 그들이 보고 들은 것을 남자 제자들에게 전한다. 하지만 이들은 여자 제자들의 말을 여자들의 쓸데없는 헛소리로 치부한다. 이 표현에는, 부활 체험과 부활하신 분에 대한 믿음에서 여자들에게 우선권을 넘겨줄 수밖에 없었던 남자들의 모멸감이 묻어난다.

엠마오로 가는 제자들

그런 다음 루가는 부활 이야기들 중에서 가장 아름다운 이야기, 즉 엠마오로 가는 제자들과 예수의 만남 이야기를 한다. 여기서 또다시 길을 걷는 모티프가 등장한다. 예수께서는 예루살렘을 떠나 엠마오로 가는 두 제자와 함께 걷는 낯선 행인이다. 그들은 실망한 상태다. 왜냐하면 그들이 가졌던 희망이 무너졌기 때문이다. 위대한 예언자로 여겼던 그분이 십자가에 처형된 것이다. 하지만 그들이 실망한 것에 대하여 서로 이야기하기 때문에 부활하신 분께서는 그들과 대화를 할 수 있고, 그들의 경험을 다르게 해석할 수 있다. 부활이란 여기서도 예수의 삶에 대한 새로운 해석을 뜻하고 우리 자신의 인생 여정에 대한 새로운 해석을 뜻하기도 한다. 우리도 인생 여정에서 엠마오로 가는 제자들과 같은 상황에 처할 때가 많다. 우리는 실망한다. 우리가 자신의 인생에 대하여 가졌던 환상들이 깨진다. 우리도 "그분은 하느님과 모든 백성 앞에서 행동과 말씀에 힘이 넘쳤다"

(루가 24,19)고 종종 믿는다. 그런 다음 우리의 자화상이 깨진다. 우리는 모든 것을 잃는다. 우리는 인생의 쓰레기 더미 앞에 서게 된다. 그러면 우리는 우리 자신에게서 도피하고 싶어진다. 하지만 우리는 인생 여정에서 혼자가 아니다. 우리가 함께 이야기하는 한 부활하신 분, 예수께서는 우리와 함께 가실 것이고 우리 인생 여정의 의미를 알려 주실 것이다.

"그리스도는 그런 고난을 겪고 영광을 누리게 되어 있지 않습니까?"(루가 24,26)라는 말씀은 예수의 운명을 이해하는 열쇠이자 우리 자신의 운명을 이해하는 열쇠이기도 하다. 메시아가 자신의 영광에 이르기 위해 고난을 겪어야 한다는 것은 우리가 더 이상 질문할 수 없는 하느님의 뜻이었다는 것이다. 그리고 우리가 수많은 역경과 시련을 거쳐 참삶에, 하느님께서 우리를 위해 마련하신 영광에, 하느님께서 생각하신 우리의 본디 모습에 이르는 것은 우리의 길이기도 하다. 우리가 실망하는 것, 우리 스스로 만든 사화상이 깨시는 것은 바람직하다. 오직 그렇게 우리는 하느님의 영광에 이르게 된다. 오직 그렇게 하느님께서 우리에 대해 가지고 계신 본디 모습에 이를 수 있다.

예수께서는 두 동행인에게 성서 전체를 해석해 주신다. 그분은 그들에게 예수의 죽음과 부활은 성서 전체의 요약이라고 설명해 주신다. 이 말은 많은 성서 구절들이 예수의 죽음과 부활을 예고했다는 것을 뜻하는 것만은 아니다. 루가는 이 말을 예수의 죽음과 부활의 신비 안에 성서의 전체 메시지가 요약되어 있다는 뜻으로 이해한다. 구원하고 구제하는 하느님에 대한 모든 말씀들, 우리를 구렁텅이에서 건져 올리시는 하느님, 종살이하는 백성을 해방시키시는 하느님, 우리를 곤경에서 구하시는 하느님에 대한 모든 말씀들이 예수의 죽음과 부활에서 완성에 이른 것이다. 하느님께서 우리를 구원하실 수 없는 상황은 전혀 없다. 하느님께서는 예수를 죽음에서 다시 살리셨다. 따라서 그분은 우리도 모든 어둠에서 빛으로, 무덤에서 삶으로, 굳어 있는 삶에서 활기찬 삶으로, 구속에서 자유로, 눈먼 삶에서 눈뜬 삶으로, 마비된 삶에서 걸어가는 삶으로, 법에서 사랑으로 이끌어 내실 것이다.

예수의 부활에서 루가는 성서의 의미에 눈을 뜬다. 거기서 비로소 루가는 다음과 같은 이사야의 위로 말씀이 무엇을 뜻하는지 알게 된다. "네가 물 한가운데를 지난다 해도 나 너와 함께 있고, 강을 지난다 해도 너를 덮치지 않게 하리라. 네가 불 한가운데를 걷는다 해도 너는 타지 않고, 불꽃이 너를 태우지 못하리라. 나는 주 너의 하느님, 이스라엘의 거룩한 이, 너의 구원자이다"(이사 43,2-3). 부활의 빛이 밝힐 수 없는 어둠은 더 이상 없다. 생명이 꿈틀거리지 않는 무덤은 이제 더 이상 없다.

제자들은 예수께 자기들과 함께 묵으시자고 청한다. "이미 날도 저물어 저녁이 되었기"(루가 24,29) 때문이다. 이것은 우리 삶의 상징이다. 우리의 내면이 어두워질 때, 우리 마음에 밤이 엄습해 올 때, 우리는 부활하신 분께 우리와 함께 머무시자고 청할 수 있다. 예수께서는 두 제자와 함께 집으로 들어가신다. 그분은 그들의 손님이 되어 그들과 함께 계시다. 이것은 부활을 가리키는 상징일 뿐 아니라 미사성제의 상징이기도 하다. 미사성제에서 우리는 부활하신 분을 만난다. 거기서 그분은 우리 곁에 계시고, 우리에게 말씀하시고, 우리에게 성서의 뜻을 알려 주시고, 우리 삶의 신비를 밝혀 주신다. 그런 다음 루가는 엠마오 제자들과 함께 거행하시는 부활하신 분의 성찬을 묘사하는데, 최후 만찬을 묘사했던 말과 같은 말로 묘사한다. 예수께서는 "빵을 들고 잔양하신 다음 떼어 주셨다"(루가 24,30). 그러자 그들의 눈이 열려 예수를 알아본다. 그러나 그 순간 그분은 시야에서 사라지신다. *aphantos*(볼 수 없는)라는 말은 그리스 정신세계에서 유래하는 전형적인 표현이다. 예수께서는 제자들의 시야에서 사라지신다. 이것이 부활의 신비다. 부활하신 분은 우리와 함께 그리고 우리 곁에 계시다. 그분은 우리를 위해 빵을 나누신다. 미사성제에서 우리는 그분을 만나고, 그분은 볼 수 있는 분이 되신다. 하지만 우리는 그분을 우리 눈으로 붙들어 둘 수 없다. 루가는 부활을 본질적으로 '열림'으로 이해한다. 우리 마음이 열리고(사도 16,14 참조), 우리의 정신(루가 24,45 참조)과 우리 눈(루가 24,31 참조)이 열린다. 그리고 부활하신 분께서는 우리에게 성서를 열어 주시고, 성서의 의미를 풀어 주신다(루가 24,32 참조). 이런 개방성에서 우리는 부활하신 분을 볼 수 있다. 그러나 이 개방성은 우리가 그분을 놓아야 한다는 뜻도 포함하고 있다. 그분은 늘 우리의 시야에서 사라지신다. 하지만 부활하신 분께서 우리의 마음과 정신과 눈을 열어 주시면 우리는 그분에 대한 사랑으로 불타오르게 된다. 우리는 예수의 말씀과 행적에 가슴 깊이 감동하게 된다. 가슴이 뜨겁게 불타오르면 우리는 다시 사람들에게 돌아간다. 그렇게 가슴이 뜨거워진 제자들은 곧바로 일어나 다른 제자들에게 그들이 체험한 것을 전하려고 예루살렘으로 돌아간다. 부활 체험을 하면 우리는 우리가 보고 들은 것을 다른 사람들에게 이야기하려고 길을 떠나게 된다.

예수께서 모든 제자들에게 나타나시다

루가가 우리에게 부활날 아침에 일어난 일을 묘사해 주는 셋째 그림은 예수께서 모든 제자들에게 나타나시는 모습이다. 엠마오 제자들은 기쁨에 차서 예루살렘으로 돌아온다. 집에 머물러 있던 남녀 제자들은 그들에게 주님께서 참으로 부활하셨고 시몬에게 나타나셨다고 이야기한다. 그들이 그런 얘기를 하고 있을 때 예수께서 몸소 그들 한가운데 나타나신다. 제자들은 유령을 보는 줄로 여겨 깜짝 놀라고 두려워한다. 예수께서는 그들에게 당신의 손과 발을 보여 주신다. "내 손과 발을 보시오. 바로 나요. 나를 만지고 살펴보시오. 유령은 살과 뼈가 없지만 보다시피 나에게는 있습니다"(루가 24,39). 루가는 여기서 그리스인들에게 부활이 무엇을 의미하는지 보여 주고자 한다. 그리스인들은, 부활하신 분이 영이라는 것, 영혼이 육신과 분리된 후 홀로 존재한다는 것에 대해서는 쉽게 상상할 수 있었다. 그러나 부활은 그 이상이라는 것이 루가의 설명이다. 육신과 영혼을 포함한 예수의 인격이 부활하신 것이다. 루가는 부활하신 분의 손과 발을 가리키면서 육신의 감옥에서 영혼이 해방된다는 것만 상상할 수 있는 플라톤 철학에 대해 답변하고 있는 것이다. 부활은 육신의 부활이라는 것이다. 부활은 삶을 받아들이는 손을, 인간을 친근하게 감싸는 손을, 부드럽게 쓰다듬는 사랑의 손을 우리에게 선사한다. 그리고 부활은 우리가 자신에게 친절하고 우리의 길을 가고, 삶으로 인도하는 자신의 길을 가도록 우리를 자신의 발로 서게 한다.

'나 자신이다'(= *ego eimi autos*)(새 번역 『성경』과 『200주년 기념 신약성서』는 '바로 나다'라고 번역 — 역자 주)라는 말은 스토아 철학에 대한 루가의 답변이다. 스토아 철학에서 *autos*(아우토스)는 인격의 중심, 인간의 내적인 성전, 하느님께서 인간 안에 살아 계시는 자기의 내적인 영역을 가리킨다. 루가는 *autos*라는 말을 자주 강조한다. 루가는 이 단어로 항상 주님을 가리킨다. 그리스도께서는 '그 자신'이시다. 루가가 서른세 번 *kai autos*라는 말로 한 문장을 시작하는 데 비해, 그런 표현이 마태오 복음에는 한 번도 없고, 마르코 복음에는 세 번뿐이다. 루가는 사도행전에서도 이 표현을 한 번도 사용하지 않는다. 이것은 그가 *autos*를 그리스도께만 한정시키고 있음을 보여 주는 것이다.

부활하신 분께서 '나 자신이다'라고 말씀하시면, 그 말씀 안에는 스토아 철학의 갈망에 대한 대답이 들어 있는 것이다. 스토아 철학에서 인간은 이 세상의 걱정과 결핍으로부터 자유로워지기를 갈망한다.

인간은 자신의 참된 '자기', 아무도 건드릴 수 없는 내적인 성전에 도달하고자 한다. 루가에게 부활이란 예수께서 '그 자신'이 되셨다는 것, 예수께서 온전히 자기 자신을 사신다는 것을 뜻한다. 그리고 우리에게도 부활이란 온전히 우리 자신이 되는 것, 일상의 표피적인 삶에서 자유로워지는 것, 다른 사람들의 힘과 영향력, 그들의 기대와 요구와 판단으로부터 자유로워지는 것, 헛된 삶에서 참된 삶으로 일어서는 것, 하느님께서 우리 안에 살고 계신 그 내면의 성전으로, 우리가 하느님께서 본디 생각하신 왜곡되지 않고 흠이 나지 않은, 우리의 이미지와 접하는 곳인 그 내면의 성전으로 들어가는 것을 뜻한다. 루가에게 부활하신 분, 예수께서는 우리의 고유한 자기 존재, 우리의 '자기'를 가리키는 원형이다.

예수께서는 제자들에게 당신을 만져 보라고 하신다. 루가는 이 *pselaphao*(손으로 잡다, 만지다)라는 그리스어를 바울로 사도의 아레오파고 연설에서 다시 한 번 사용한다. 바울로는 이 연설에서 의식적으로 스토아 철학에게 답변한다. 사람들은 "하느님을 더듬거리든 발견하든 그분을 찾아야 할 것입니다. 왜냐하면 그분께서는 우리 중 어느 사람에게서도 멀리 떨어져 계시지 않기 때문입니다"(사도 17,27: 독일어 공동번역 ― 역자 주). 루가는 스토아 철학의 신봉자들에게 '나를 만져 보아라'라는 말씀으로, 사람들은 예수 그리스도 안에서 하느님을 만질 수 있다고 말하고 있는 것이다. 사람들은 예수의 손과 발에서 하느님 자신을 만질 수 있다. 그때 감각적으로 경험할 수 있는 하느님에 대한 갈망이 실현된다. 우리는 매 미사성제에서 우리 손에 주어지는 빵에서 예수를 만질 수 있다. 초대교회의 그리스도인들은 그리스도의 몸을 자신의 눈과 귀에 갖다 대었는데, 그것은 그리스도를 피부로 느껴보기 위해서뿐 아니라 그분께서 자신을 부드럽게 만질 수 있도록 하기 위함이었다.

예수께서는 마지막으로 먹을 것을 달라고 하시고 제자들과 함께 잡수신다. 그분은 제자들과 식사를 하신다. 부활은 새로운 공동체를 만든다. 제자들이 함께 나누는 식사에서 부활하신 분 자신이 그들 한가운데 계시다. 루가에게 미사는 항상 부활하신 분에 대한 체험이다. 루가가 부활 후의 식사를 묘사할 때 묻어나는 친밀함과 기쁨은 미사성제에서도 느낄 수 있어야 한다. 예수께서는 당신의 남녀 제자들에게 성서의 의미를 풀어 주신다. 그리고 그분은 우리가 헛된 삶에서 참된 삶으로, 죽은 것처럼 굳어 있는 삶에서 활기찬 삶으로, 소외에서 새로운 관계로 부활할 수 있도록 당신을 참된 자기가 되신 하느님이자 인간으로 보여 주신다.

이제 루가는 예수의 고별 말씀으로, 그분의 유언으로 자신의 복음서를 마무리한다. 예수께서는 제자들에게, 당신이 '그들과 함께' 있었을 때 말씀하신 모든 말씀들을 상기시키신다. 그분은 성서를 이해할 수 있도록 그들의 명오明悟(nous)를 열어 주시고, 당신 사랑의 신비를 다시 한 번 요약해 주신다. 그분의 삶과 수난, 죽음과 부활은 성서 전체의 완성이다. 거기서 성서의 하느님이 어떤 분인지 밝혀진다. 예수에게서 "모세의 율법과 예언자들의 책과 시편에 씌어 있는 모든 것"(루가 24,44)이 다 이루어진다. 과거에 행하신 하느님의 모든 사업이 예수의 죽음과 부활에서 절정을 이룬다. 루가는 '완성, 이루어짐, 실현'이라는 단어로 예수의 죽음과 부활이, 성서가 우리에게 전하는 하느님의 모든 행적들을 종합하고 있음을 표현한다. 예수의 죽음과 부활은, 하느님께서 바꾸고 변모시킬 수 없는 것은 아무것도 없다는 것을 보여 준다. 삶으로 변모될 수 없는 죽음은 없고, 밝아질 수 없는 어둠은 없으며, 신뢰가 될 수 없는 두려움은 없고, 위로받을 수 없는 좌절은 없다. 죽음과 부활은 우리에게 이렇게 말한다. 모든 것은 변화될 수 있다. 우리를 하느님에게서 떼어 놓을 수 있는 것은 아무것도 없다. 하느님은 어디에나 현존하신다. 그분은 죽음의 순간에도 현존하시고, 무덤과 외로움, 어둠과 불안에도 현존하신다.

성서에는 — 그렇게 루가가 말한다 — "죄의 용서를 위한 회개"(루가 24,47)가 예수의 이름으로 모든 민족들에게 선포되어야 한다고 씌어 있다. 특이하게도 루가는 '죄의 용서를 위한 회개'를 제자들이 온 세상에 선포해야 할 기쁜 소식으로 이해한다. 죄의 용서를 위한 전제 조건으로서의 회개는 예수의 운명과 아무 관계가 없어 보인다. 그것은 일반적인 인간의 메시지다. 하지만 이 메시지는 예수의 이름으로 선포되어야 한다. 예수께서 죽음을 거쳐 부활에 이르셨기 때문에 모든 사람들에게는 회개 — 의식의 변화 — 하고 또 그렇게 함으로써 죄의 용서를 받을 수 있는 기회가 있는 것이다. 예수를 바라보면서 사람들은 생각을 바꾸어야 하고, 자기 삶의 진리를 인식하기 위하여 사물의 배후를 보아야 한다. 생각이 바뀌면 용서가 가능해진다. 루가에게 용서란, 삶이 다시 하느님을 지향하는 것을 뜻하고, 우리가 우리의 목표를 잃지 않는 것, 우리의 삶이 성공하는 것을 뜻한다. 제자들은 용서와 성공적인 삶을 모든 민족들에게 전하는 일을 위임받았다. 그를 위해 부활하신 분께서는 제자들에게 당신의 영, "높은 데서 오는 능력"(루가 24,49)을 주신다. 예수의 탄생에서 "높은 데서 별이 우리를 찾아오셨다"(루가 1,78). 부활하신 분께서는 우리가 그리스도의 빛을 온 세상에 전하도록 이제 '높은 데서 오는 능력'으로 우리를 채워 주신다. 예수의 작용은 제자들의 복음 선포를 통해서 이 세상에서 계속되고, 갈수록 인류 역사를 관통한다.

루가는 승천 이야기로 복음서를 마무리한다. 그리고 그는 똑같은 사건으로 사도행전을 시작한다. 그런데 복음서와 사도행전 사이에 모순이 있다. 복음서에서는 예수께서 부활하신 날 승천하시는데, 사도행전에서는 부활하신 후 사십 일이 지난 다음에 승천하신다. 이 모순은, 루가의 두 가지 서로 상이한 묘사가 신학적인 진술이라는 것을 보여 준다. 예수의 이야기는 성전에서의 기도로 시작되었고 성전에서의 제자들의 찬양 기도로 끝난다. 루가는 복음서를 전례로 끝맺는다. 그는 예수 승천을 사도행전에서는 교회적이고 역사적으로 해석하는 데 비해, 복음서에서는 그것을 전례적으로 해석한다. 복음서에서 승천은 전례 거행과 함께 이루어진다. 루가는 사도행전에서 예수 승천 과정을 이야기한다(Grundmann 450 참조). 사십 일은 인간의 시간을 가리키는 상징이다. 변모의 시간인 사십 일은 예수 부활 이후부터 더 이상 단식과 광야의 체험을 가리키지 않고 예수의 발현을 가리킨다. 부활하신 분께서는 우리가 하늘에 받아들여질 때까지 우리와 함께 가신다.

예수께서는 제자들에게 장엄하게 강복하시면서 그들을 떠나신다. 이 강복을 받은 제자들은 기쁨에 차서 예루살렘으로 돌아간다. "늘 성전에서 하느님을 찬양하며 지냈다"(루가 24,53). 이 문장에 기쁨과 찬양으로 채색된 공동체의 전례가 반영되고 있다. '기쁨과 찬양'이라는 두 가지 자세야말로 예수의 삶, 죽음, 부활 그리고 승천이 제자들에게 준 영향이다. 예수께서는 이미 당신의 탄생을 통하여 사람들에게 기쁨을 주었다. 이 기쁨은 그분의 부활과 승천에서 절정에 달한다. 기쁨(그리스어로 chara)은 예수를 통해 우리에게 선사되는 은총(charis)에 대한 우리의 반응이다. 예수께서는 우리의 마음을 밝게 해 주시고, 하느님의 영광이 우리 안에서 다시 빛나시며, 우리 마음에서 모든 억눌린 것과 움츠러든 것 그리고 어두운 것을 몰아내신다. 루가는 예수의 작용을 이렇게 이해했다. 기쁘면 마음이 넓어진다. 그때 마음은 부활의 넓음과 자유를 체험한다. 이것은 하느님을 찬미하기에 충분한 이유가 된다. 찬미에서 기쁨이 표현되고, 동시에 찬미는 갈수록 몸과 마음에 스며들어 우리 마음 안에 기쁨이 자라게 한다.

우리는 무엇을 해야 하는가?

루가는 독자들을 예수께 열광하게 하려는 것만은 아니다. 예수를 이해하는 사람은 자신의 삶도 바꾸어야 한다. 예수 이야기는 새로운 자세를 통하여 세상을 변화시키는 제자들 안에서 계속 이어진다. 말씀들을 통해서뿐 아니라 새로운 행동을 통해서 예수의 영은 역사적으로 영향을 끼친다. 우리는 오늘날 윤리적인 영성에 대하여 알레르기 반응을 보인다. 루가는 윤리적인 가르침과 지침을 주려고 하지 않는다. 그는 윤리적인 설교를 하지 않고 "가슴 한가운데에 와 닿고 '우리는 무엇을 해야 하는가?'라는 질문을 불러일으키는"(Heininger 227) 이야기들을 해 준다. 루가는 하느님 사랑과 이웃 사랑의 관계에 대한 이론을 전개하지 않고, 우리가 오늘날 자신을 피폐하게 만들지 않으면서 구체적으로 이웃을 어떻게 사랑할 수 있는지를 선명하게 보여 주기 위해서 두 가지 예화를 이야기한다: 착한 사마리아 사람 이야기(루가 10,29-37)와 마르타와 마리아(루가 10,38-42) 이야기가 그것이다.

전례적으로 하느님을 경배하는 일을 하는 사제와 레위는 강도들에게 폭력을 당하여 쓰러져 있는 사람을 그냥 지나쳐 간다. 사마리아 사람은 쓰러져 있는 사람에게 동정심을 느낀다. 그는 "다가가서 기름과 포도주를 부어 상처를 싸맨 다음 그 사람을 자기 짐승에 태워 객사로 데려다가 돌보아 주었습니다"(루가 10,34). 루가는 여기서 진정한 인도주의에 대한 그림을 그린다. 이 비유는 예수 자신을 자비로운 사마리아 사람으로 묘사하고 있다. 이 그림은 예수께서 당신 자신을 그린 가장 믿을 만한 자기 초상화다(Huizing 20 이하 참조). 그러나 이 비유는 동시에 독자에게 예수처럼 행동할 것을 요청하고 있다. 루가는 실천적인 신학자다. 그에게는 이론적인 논의가 관건이 아니다. 누가 예수의 메시지를 알아듣고 삶에 실천으로 옮기는지 구체적인 행동에서 드러난다. 상황이 우리에게 요구하는 것을 하면, 강도들에게 맞아 부상당한 채 길섶에 쓰러져 있는 사람을 못 본 척 지나치지 않으면, 우리는 예수의 말씀들을 실현하는 것이다.

그러나 루가는, 우리가 양심의 가책을 없애기 위하여 다른 사람들을 돕는다면 우리 자신을 피폐하게 만들 위험이 있다는 것을 알고 있다. 양심의 가책을 없애기 위하여 다른 사람들을 돕는다면, 우리는 온 세상을 구해야 한다고 생각하게 된다. 우리는 우리에게 봉사하라고 종용하는 양심의 가책과 모든 사람들을 도와주지 못하는 무능력 사이에서 고민에 빠지게 된다. 그래서 루가는 너무 높은 봉사자에 대한 이상향에 반대되는 극으로서 마르타와 마리아를 방문한 이야기(루가 10,38-42)를 한다.

마르타는 손님들을 접대하는 일에 최선을 다하는 친절한 여자다. 옛날에 손님에 대한 친절이 고귀한 선善이었다. 마르타는 그러니까 착한 일, 사람에게 기쁨을 주는 일을 하는 것이다. 그러나 그는 손님이 정작 필요로 하는 것에 대해서는 눈이 멀었다. 그는, 예수와 제자들이 가장 원하는 것은 잘 먹는 것이라고 생각한다. 하지만 마르타는 자신이 원하는 것을 예수께 뒤집어씌우고 있다는 것을 전혀 모르고 있다. 그는 예수께서 정작 무엇을 필요로 하시고 무엇을 원하시는지 귀여겨듣지 않는다. 그냥 예수의 발치에 앉아서 그분의 말씀을 경청하고 있는 동생 마리아에 대한 그의 거친 비난은 그의 봉사가 순수하지 않다는 것을 보여 준다. 그의 예민함은, 그가 봉사함으로써 주목받고 싶고 칭찬받고 싶다는 것을 드러내 준다. 그는 다른 사람들과 비교해서 훨씬 더 잘하고 싶은 것이다. 마르타에게 중요한 것은 순간의 만남이 아니라 그다음, 즉 자신의 행동으로 사람들에게서 얻는 좋은 평판이다. 그리고 아마도 그에게는 봉사를 통해서 없애고 싶은 양심의 가책이 관건인지도 모른다. 많은 사람들은 다른 사람들의 비판을 원천적으로 차단하기 위하여 의미 있고 사람들에게 도움이 되는 분주한 일 뒤로 자기 자신을 숨긴다. 그들은 자기 자신에 대하여 질문하는 일과 하느님께서 그들에게 원하시는 것이 정작 무엇인지 귀여겨듣는 일을 하지 않는다.

마리아와 마르타는 우리 안에 있는 양극이다. 우리는 누구나 자신 안에 마리아와 마르타를 가지고 있다. 그리고 우리 안에서도 대부분 마르타의 목소리가 더 크다. 왜냐하면 그는 더 나은 근거를 가지고 있기 때문이다. 그는 무엇인가 제시할 것이 있다. 그는 무엇인가를 한다. 그는 하느님의 뜻, 즉 손님 접대를 훌륭히 실행한다. 그래서 예수께서는 마리아를 변호하셔야 한다. 우리는 그냥 순간에 머물고 싶다는 조용한 음성, 우리는 예수 곁에 앉아 그분께서 우리에게 무엇을 말씀하시는지 경청하고 싶다는 조용한 음성은, 우리 안에서도 수많은 고통받는 이들을 도우라고 요청하는 큰 목소리에 의해 묻힐 수 있다. 예수께서는 우리 안에 있는 마리아의 측면에서 들리는 작은 음성을 강화시키신다. "마리아는 좋은 몫을 택했고 빼앗기지 않을 것이오"(루가 10,42). 예수께서 우리에게 지금 이 순간 말씀하시고자 하는 것을 조용히 듣고 마음에 간직하는 것은 좋다. 늘 미래와 다른 사람들의 평판만 생각하는 사람은 삶을 놓치고, 하느님과 자기 자신을 지나친다. 마리아가 예수의 발치에 앉아 있다는 것은, 루가의 언어에서 마리아는 남자들과 동등한 예수의 제자라는 뜻이다. 이렇게 마리아는 뒷바라지하고 손님을 접대하는 여자의 일방적인 역할을 파괴한다. 여자도 남자와 마찬가지로 제자로서 예수의 학교에 가고 그런 다음 똑같이 기쁜 소식을 전하는 일에 부름받았다.

소유와 재산에 대한 입장

루가는 제자들에게 새로운 행동 방식을 설명하는 다른 방식으로서 비유를 활용한다. 비유에서는 종종 '우리는 무엇을 해야 하는가?'라는 질문이 핵심 주제다. 이것은 어리석은 부자(루가 12,17 참조)와 약은 청지기(루가 16,3 참조)가 자신에게 던지는 질문이다. 이 두 비유의 핵심 주제는 재산을 올바르게 사용하는

법이다. 이것은 그리스인인 루가에게 중요한 주제다. 루가는 가난한 이들의 복음사가다. 다른 어떤 복음사가보다도 루가는 가난과 부, 소유와 소유 포기, 재산 분배와 사회적 의무 같은 주제들에 대하여 많이 생각한다. 루가 자신은 부유한 중산층 출신이었다. 그러나 그는 투철한 사회적 양심의 소유자였음에 틀림없다. 그에게는 그리스도인들이 재산에 집착하지 않고 가난한 이들과 나누는 것이 중요한 메시지다. 자기 자신만을 위해 재산을 모으는 사람은 예수의 의향도 이해하지 못한 것이고, 죽음으로 끝나는 인간 삶의 신비도 모르는 것이다. 자신의 인간 실존을 진지하게 받아들이는 사람은 이 세상에서 영원한 보물을 모을 수 없다는 것을 안다. 물질적인 부는 죽음과 함께 끝난다. 그렇기 때문에 하느님 앞에 부유해지는 것이 중요하다. 그러나 그것은 구체적으로 재산을 나누는 데서 표현되는 사랑 안에서 이루어진다. 부유한 농부의 비유(루가 12,16-21 참조)와 유사한 이야기가 나오는 세계 문학작품이 많다. 재산 분배라는 주제는 그 당시와 마찬가지로 오늘날에도 똑같이 현실적이다. 그리스도인들은 투기꾼의 욕심에 사로잡혀서는 안 되고, 하느님 앞에서 부유해져야 한다(루가 12,21 참조). 진정한 부는 우리 안에 있다. 보물은 우리 마음 안에 있다. 그것은 흐르는 사랑이다. 그러나 오직 우리가 우리의 재산을 나눌 때, 돈이 흐를 때, 사랑은 흐르게 된다.

루가 복음을 읽은 이방 그리스도인 독자들 중에는 분명 어느 정도 부를 획득한 상인들도 많았을 것이다. 사도행전에는 자색 옷감 장수인 리디아에 대한 이야기(사도 16,11-15)가 나온다. 루가는 복음서에서 부동산과 상품 매매와 무역을 통해서 버는 물질적인 부유함을 생각한다. 대지주, 거상 그리고 세관원들이 부유한 계층에 속한다(Schnackenburg 219 참조). 루가에게는 특히 부가 사람됨됨이에 끼치는 영향이 중요했다. 인간은 부를 우상으로 만들 수 있다. 부는 인간을 소유욕과 명예욕에 빠뜨릴 수 있다. 부자는 현세적인 걱정과 쾌락에 빠질 수 있다. 그는 하느님을 잊을 수 있다.

루가는 이 세상의 재물을 대하는 그리스도인들의 태도를 두 가지로 설명한다. 하나는 재산의 분배고, 다른 하나는 소유물에 대한 초연함과 내적인 자유다(루가 12,22-32 참조). 먹을 것과 입을 것이 충분한지 늘 걱정하는 사람은 외적인 사물에 너무 많은 힘을 부여하게 된다. 인간은 그런 일을 걱정하는 대신에 하느님을 신뢰해야 할 것이다. 하느님께서는 인간을 돌보신다. 그리스도인은 하느님 나라를 찾아야 한다. 하느님께서 자신 안에서 다스리시는 일, 하느님께서 자신의 마음 안에 사시는 일에 마음을 써야 할 것이다. 하느님이 진정한 보물이다. "보물이 있는 곳에 마음도 있는 법입니다"(루가 12,34). 우리의 마음이 하느님 안에 있을 때에만 그 마음은 현세적인 걱정으로부터 자유로워진다. 인간은 하느님 안에 뿌리를 두고 있어야만 자신의 소유물을 놓을 수 있고 자신의 재산을 가난한 이들에게 나누어 줄 수 있다.

루가는 재물에 대한 또 다른 태도를 안다. 그것은 물질적인 재산을 관리하는 일에서의 성실성이다(Schnackenburg 220 참조). "하찮은 일에 성실한 사람은 큰일에도 성실하고, 하찮은 일에 불의한 사람은 큰일에도 불의합니다"(루가 16,10). 현세적인 선물을 관리하는 일에서의 성실성과 확실성은, 사람이 하느님의 정신적인 선물을 잘 관리하기 위한 전제 조건이다. 하느님의 진정한 선물은 구원이고, 예수 안에서 인간에게 선사하신 하느님 자신이다. "또 남의 것에 성실하지 못했다면 누가 그대들의 것인들 내주겠습니까?"(루가 16,12). 사람이 소유하고 있는 재물은 그의 것이 아니다. 그것은 하느님의 것이다. 우리에게 어울리고, 우리의 본질에 맞는 것은 하느님께서 예수 안에서 우리에게 주신 구원이다.

루가는 이 세상의 현실을 본다. 그는 재물과 돈을 나쁘게 보지 않는다. 그러나 그는 사회적인 관계를 요청한다. 부를 소유한 사람은 자신의 소유를 팔아 거기서 얻은 돈을 가난한 이들에게 주어야 한다. 예수의 요구는 예루살렘에 있었던 최초의 제자 공동체에서 실현되었다. 그때에도 단순히 가난이 아니라 가진 것을 공동으로 소유하는 재산 공동체가 요청되었다. 땅에서 나오는 선물은 모든 이에게 속한다. "신도들은 모두 함께 지내며 모든 것을 공동으로 소유하고 재산과 재물을 팔아서 각자에게 필요한 만큼 나누어 주었다"(사도 2,44-45). 루가는 초대교회의 재산 공동체에 대한 묘사에서 "그리스의 이상향과 구약성서적·유다교적 약속을 연결한다"(Ernst 101). 루가는 가난에 대한 낭만적인 이상향을 따르지 않는다. 루가에게 중요한 것은 소유에 대한 사회적 책임과 모든 이들이 넉넉하게 가질 수 있도록 가진 것을 나누는 것이다. 초대교회가 실현했던 이 이상향이 루가의 눈앞에 어른거린다. 이것은 그리스인들에게도 납득되는 이상향이다. 이 이상향은 그리스인들이 자신의 직업을 버리지 않고 예수를 추종하는 그리고 예수를 추종함으로써 참된 자유와 진정한 삶에 이를 수 있는 길을 보여 준다. 현대 해방신학은 그래서 루가 복음에 근거를 둔다. 해방신학은 루가의 메시지를 우리 시대 언어로 옮긴다. 세계평화는 앞으로 무엇보다도 재물의 평등한 분배에 의해 좌우될 것이다. 이렇게 예수의 복음에 대한 루가의 번역 — 해석 — 은 오늘날 개인의 윤리를 위해서뿐 아니라 민족들의 정치를 위해서도 매우 현실적이다.

회개

'우리는 무엇을 해야 하는가?'라는 질문에 대하여 루가의 중요한 대답은 회개다. 그래서 베드로는 성령 강림 설교 후에 "우리는 어떻게 해야 합니까?"라고 묻는 청중들에게 이렇게 대답한다. "저마다 회개하고 예수 그리스도의 이름으로 세례를 받아 죄를 용서받으시오. 그러면 성령을 선물로 받게 될 것입니다"(사도 2,38). '회개'로 번역되는 그리스어 *metanoia*란 본디 '생각을 바꾸다', '다르게 생각하다', '사물의 배후를 보다'를 뜻한다. 그리스인들에게 '회개'는 생각에서 시작된다. 우리의 생각은 우리를 오류로 이끈다. 우리가 우리 자신과 우리 주변의 상황에 대하여 잘못 생각하면, 우리의 행동도 실제와 맞지 않게 된다. 세상을 제대로 볼 때만 우리는 바르게 처신할 수 있다. 그렇지만 우리는 세상을 종종 우리의 투사(Projektion)라는 안경을 통해서만 본다. 그렇기 때문에 루가의 예수께서는 청중들에게 실제를 제대로 보고 적절하게 평가하는 것을 가르치신다. 나는 이것을 두 가지 예를 들어 설명하고자 한다.

루가 복음 12장 54-56절에서 예수께서는 청중에게 기상관측의 예를 들어 말씀하신다. 구름이 서쪽에서 올라오는 것을 보면, 훌륭한 기상관측자는 비가 올 것이라는 것을 예측할 수 있다. "남풍이 불면 '무더워지겠구나' 하는데 과연 그렇게 되지요. 위선자들! 땅과 하늘의 징조는 살피면서 어떻게 이 시대는 살피지 않습니까?"(루가 12.55-56). 사람들은 자연에 대해서는 정확하게 예측할 수 있는데 역사의 의미를 보는 눈은 없다. 사람들은 역사에 대해서는 의도적으로 눈을 감는다. 예수께서는 우리에게 우리 시대의 구체적인 사건들을 직시하고, 그것들을 올바르게 평가하며 그것들에 대하여 적절하게 처신하라고 경고하신다. '메타노이아', 즉 다르게 봄, 새로운 생각은 새로운 행동으로 이어진다.

우리가 역사적인 사실들을 어떻게 평가해야 하는지 예수께서는 루가 복음 13장 1-9절의 장면에서 보여 주신다. 그때 어떤 사람들이 와서 예수께 최근에 일어난 일, 정치적인 파멸과 이해할 수 없는 끔찍한 폭력 사건에 대하여 이야기한다. 빌라도가 제물을 바치려던 갈릴래아 사람들을 살해한다. 그리고 실로암에 있던 탑이 무너지면서 열여덟 사람이 깔려 죽었다. 예수께서는 두 사건에 대하여 비슷하게 답변하신다. "저들이 다른 모든 갈릴래아 사람보다 더 큰 죄인이라서 그런 변을 당한 줄로 생각합니까? 아닙니다. 나는 말하거니와, 회개하지 않으면 여러분도 그렇게 망할 것입니다"(루가 13,2-3). 예수께서는 비록 모든 불행한 사건을 죄의 벌로 해석하는 바리사이들의 신학을 취하시지만, 그 신학을 지지하시지는 않는다. 그런 사건이 일어난 원인에 대한 신학적인 토론을 전개하시는 대신 예수께서는 이야기하는 사람들에게 눈을 돌리신다. 관건은 다른 사람들이 아니라 우리 자신이다. 우리도 회개하지 않으면 그들과 똑같이 멸망할 것이다. 회개하지 않으면 우리의 삶은 실패할 것이다. 우리는 끔찍한 사건을 볼 때 그 사건이 일어난 원인을 물을 것이 아니라 그 사건을 우리에게 하는 질문으로 이해해야 할 것이다. 그와 똑같은 일이 우리에게도 일어날 수 있다. 우리는 다음과 같은 질문을 받는 것이다. 우리는 무엇으로 사는가? 우리 삶의 의미는 무엇인가? 우리가 건강하게 늙는다는 보장은 없다. 우리의 삶이 성공하는 것은 당연한 것이 아니다. 우리 삶의 성공을 위한 전제 조건은 회개다. 회개란 우선 내가 하느님에게서 멀리 떨어져 있다는 것과 나의 생각이 하느님을 간과한다는 것을 확인한다는 뜻이다. 그런 다음 회개란, 내가 나의 삶을 하느님 빛으로 보는 것과 나의 삶을 하느님으로부터 이해하는 것, 내가 사물의 뒷면을 보는 것과 하느님을 내 삶의 근거이자 진정한 목표로 인식하는 것을 뜻한다. 그러나 회개란 보는 것과 인식하는 것만이 아니라 결정하는 것이기도 하다. 나는 다르게 살기로, 즉 하느님의 뜻에 맞게 그리고 나의 본질에 어울리게 살기로 결정한다.

자캐오는 기쁘게 회개한 사람의 본보기다

회개하라는 예수의 경고 말씀만 열거하는 것으로 만족했다면 루가는 이야기꾼이 아니다. 그는 우리에게 한 사람의 회개에 대한 멋진 이야기를 해 준다. 세관장 자캐오에 관한 이야기가 그것이다(루가 19,1-10). 자캐오는 무척 부유했지만 키가 작았다. 자캐오는 작았고, 작다고 느꼈기 때문에 자신의 열등감을 가능한 한 많은 돈을 벌어들임으로써 상쇄하려 했을 것이다. 그는 돈을 버는 과정에서, 로마인에게서 세관 하나를 얻어 사리를 취했던 당시의 다른 세리들처럼, 사람들을 쥐어짰다. 자캐오는 부를 이용하여 자기가치를 높이려고 한다. 그러나 그렇게 되지 않는다. 돈을 더 많이 모을수록 그는 유다인들에게 배척받는다. 이것이 열등감에 사로잡힌 많은 사람들이 겪는 악순환이다. 인정받기 위하여 눈에 띠려고 할 수록 그들은 더욱 소외되고 배척당한다. 자캐오는 세관장이었다. 그는 다른 사람들을 작게 만들어야 자신이 크다는 것을 믿을 수 있었다. 그는 사람들 옆에 있으면 자신이 너무 작게 보였기 때문에 자신을 남들보다 높은 자리에 올려놓아야 했다. 그러나 자신을 사람들 위에 올려놓는 것이 그를 외롭게 만든다. 자캐오는 자신의 노력으로 외로움과 배척의 악순환에서 빠져나오지 못한다. 그는 다르게 살 수 있기 위해서, 회개하기 위해서 예수와의 만남이 필요하다.

루가는 여기서 흥미롭게도 행동을 묘사하는 단어를 많이 사용한다. 예수께서는 예리고로 들어가 거리를 지나가신다. 자캐오는 군중을 앞질러 달려간다. 그는 군중을 지나갈 수 없었나 보다. 그는 예수를 볼 수 있는 위치에 서려고 돌무화과나무로 올라간다. 예수께서는 자캐오를 올려다보신다. 지금까지는 모든 사람들이 그를 경시하거나 무시했다. 예수께서는 자캐오를 올려다봄으로써 그에게 관심을 보이신다. "자캐오는 자신이 처음으로 인간으로 대우받았다고 느낀다"(Huizing 237). 헬레니즘 문화에서 *anablepo*는 하늘과 비육체적인 생각 — 이데아 — 을 올려다보는 것을 뜻한다. 예수께서는 한 사람을 올려다보신다. 그분은 인간 안에서 하늘을 보신다. 그분은 인간 안에서 하느님의 용안龍顏을 보신다. 이것이 자캐오를 새로운 사람으로 만든다. 그는 새로운 얼굴이 된다. 자캐오는 예수의 용안에서 자신의 얼굴을 발견한다. 그리고 얼굴은 기쁨으로 가득 찬다. 예수께서 그의 이름을 부르신다. 자캐오는 얼른 나무에서 내려온다. 자캐오, 너무 높은 곳까지 오르려 했고 바로 그 때문에 잘못 올랐던 작은 사람이 내려온다. 그는 겸손해지고, 인간다워지고, 땅과 친해진다. 그곳 평평한 땅에서 변모의 기적이 일어난다. 자캐오와 함께 기쁨을 나누고, 그와 함께 먹고 마시고자 하시는 인간 예수를 통하여 인간 자캐오가 변모된다. 이 인간 예수에게서 자캐오는 하느님의 구원을 체험한다. 이 체험이 그를 돌려놓는다.

예수께서는 회개하라고 설교하지 않으신다. 그분은 자캐오가 당신의 조건 없이 받아들이는 사랑을 경험하도록 해 주신다. 이 사랑의 경험이 세관장을 회개로 인도한다. 자캐오는 자발적으로 자기 재산의 절반을 가난한 이들에게 주고, 다른 사람 것을 횡령했다면 네 곱절로 갚고 싶다. 그는 자신이 받아들여졌음을 알기 때문에, 자신의 존엄성을 체험했기 때문에, 많은 돈과 세상의 주목이라는 메커니즘이 더 이상 필요하지 않다. 지금 그는 그동안 집착했던 그것을 줄 만큼 자유롭다. 회개는 예수의 용안이 발하는 기쁨과 사랑을 경험함으로써 일어난다. 이 이야기를 읽는 사람은 자캐오처럼 얼굴이 새로워질 것이다. 자캐오는 예수께서 자기를 올려다보시고 자신의 이름을 불러 주셔서 기쁘다. 지금까지 자기 자신만 보았던 그의 눈이 열려 그는 사람들의 실제 모습을 본다. 그는 사람들을 인지하고 그들의 형제자매가 된다. 회개하라는 경고 없이도 회개는 이 아름다운 이야기를 읽으면서 일어난다. 이것이 인간을 아끼는 루가의 신학이다. 루가는 사람을 작게 만들고, 끊임없이 죄에 대하여 이야기하는 것을 중단할 수 있다. 예수께서는 인간이 기쁘게 회개하고, 자신의 인본주의, 자신의 인간성과 인간애를 발견할 수 있도록 인간을 만나신다. 루가는 그렇게 인간을 아끼고 사랑하시는 예수님에 대하여 이야기한다.

죄인들에 대한 새로운 대우

삶에서 회개한 사람은 죄인을 대하는 태도도 다르다. 그는 자신의 잘못을 다른 사람들에게 투사하지 않고, 다른 사람들을 속죄양으로 이용하지 않는다. 그는 예수께서 보여 주신 것처럼 죄인들에게도 똑같이 깊은 애정을 가지고 대한다. 죄인들에 대한 예수의 사랑은, 죄인들이야말로 하느님의 자비로우신 사랑에 대한 기쁜 소식에 열려 있다는 신뢰에 근거하고 있다. 루가는 예수를 죄인들에게 관심을 가지고 그들과 먹고 마시는 분으로 묘사한다. 그는 하나의 멋진 이야기, 연극 예술의 걸작품, 예수와 죄 많은 여자의 만남을(루가 7,36-50) 이야기한다. "미학적 완벽성"(Bovon I, 385)으로 빛나는 이 이야기에서 루가는 그리스 향연문학의 글쓰기 양식, 특히 초대되지 않은 손님의 출현이라는 모티프와 그리스식 향연을 주도하는 대화 기법을 사용한다(Heininger 84 이하 참조).

예수께서는 (헬레니즘 문화에서 일반적인 것처럼) 한 바리사이의 집 식탁에 앉으신다. 그때 뜻밖의 일이 벌어진다. 잘 알려진 죄 많은 여자가 들어와 뒤쪽에서 예수께 다가간다. 그는 눈물로 그분의 발을 적시고, 자신의 머리카락으로 닦고 나서 그분의 발에 값비싼 향유를 바른다. 머리에 향유를 바르는 것은 그 당시의 환영 예식이었지만 발에 향유를 바르는 것은 전혀 듣지 못했던 행동이다(Bovon I, 391 참조). 이것은 에로틱한 장면이다. 왜냐하면 남자의 발에 향유를 바르는 것은 오직 그의 아내나 딸에게만 허락되어 있었기 때문이다. 그리고 머리카락을 풀어 헤치는 것은 유다인의 정서에 특별히 에로틱한 분위기를 자아낸다. 이 여자는 심지어 예수의 발에 입까지 맞춘다. 바리사이들이 이 여자에 대하여 화를 내는

데 반해 예수께서는 이 여자의 행위를 긍정적으로 해석하신다. 그분은 그녀의 눈물과 고통 그리고 진정한 사랑을 향한 갈망을 보신다. 예수께서는 주도권을 잡으시고 예수에 대하여 속으로 의심을 품고 있는 바리사이를 고대 신용거래의 세계에서 유래하는 비유(루가 7,41 이하 참조)로 당황하게 만든다. 그런 다음 예수께서는 바리사이의 행동을 공개적으로 비난하시고 그 여자의 행동을 변호하신다. 그분은 여자의 행동을 사랑의 표현으로 보신다. 이 사랑은 그녀가 크게 용서받았다는 표시다. 예수께서는 모든 손님들이 보는 앞에서 공개적으로 그녀를 용서하신다. 루가는 독자에게 의도적으로 그녀가 그분께 그렇게 많은 사랑을 보여 주었기 때문에 예수께서 그녀를 용서하시는 것인지, 아니면 그녀가 보인 사랑의 근거인 용서를 단지 확인만 해 주신 것인지 헷갈리게 한다. 하지만 이것은 용서와 사랑의 섞임이다. 그래서 무엇이 먼저인지, 용서냐 사랑이냐에 대하여 논생을 벌이는 것은 무의미하다. 사랑과 용서는 서로 톱니바퀴처럼 얽혀 있다.

루가는 이 장면에서 죄 많은 여자에 대한 예수의 사랑에 찬 관심만 묘사하려는 것이 아니다. 그는 분명 자기 공동체의 상황도 염두에 두고 있다. 루가의 공동체에 속한 그리스도인들 중에는 명예롭지 못한 과거를 가진 개종자들을 무시하는 '바리사이들'이 많았던 것으로 추측된다. 실수와 잘못을 저질렀지만 회개한 사람들이야말로 종종 특별히 넓은 이해심을 보여 준다. 그들의 사랑은 그들이 경험한 용서의 표현이다. 용서를 실패한 인생사로부터의 해방으로 체험한 사람은 다른 사람도 진심으로 용서하게 된다. 그는 용서가 자신을 구원의 새로운 길로 인도하기 전에는 자신의 삶 자체를 잃었다는 것을 알기 때문에 죄인들을 업신여기지 않는다. 그는 스데파노처럼 자신의 살인자를 용서하고 그렇게 예수의 모범을 따른다(사도 7,60 참조).

루가가 그렇게 많이 죄인들에 대하여 말하고(루가 15장 참조), 죄의 용서를 구원의 핵심적인 관점으로 그렇게 자주 거론한다고 해서(사도 2,38 참조) 비관적인 인간 이미지를 표현하는 것은 아니다. 인간은 그 자체로 나쁘지 않다. 인간은 좋은 씨앗을 지니고 있다. 그러나 인간은 너무나 자주 자기 자신과 자신의 진리를 간과한 채 살아간다. 죄인은 자신의 삶을 놓친 사람이고, 표적을 맞추지 못한 사람이며 스스로 자신을 심판하고 거부하는 사람이다. 죄인이 회개하고 예수의 이름으로 세례를 받으면 죄의 용서를 경험하게 되고 성령을 받게 된다. 그는 조건 없는 존재 권한을 경험하며, 거듭 죄의 생활 방식에 빠지는 것을 막아 주는 힘을 자신 안에서 경험한다. 이것은 그리스인들이 충분히 이해할 수 있는 메시지다. 그들이 항상 중시하던 것은 올바른 길에 대한 질문이다. 나는 나의 길을 어떻게 찾을 수 있는가? 어떤 길이 삶으로 인도하는가? 죄는 우리를 잘못된 길로 인도한다. 우리는 목표에 도달하지 못한다. 예수와의 만남은 우리에게 성공적인 삶으로 인도하는 길을 열어 준다. 예수와의 만남에서 우리는 실패한 인생으로부터 자유로워지고 성령으로 충만해진다. 성령은 우리가 다르게 살 수 있는 힘, 예수께서 우리에게 보여 주신 것처럼 살 수 있는 힘을 주신다.

루가 복음에 의하면 예수께서는 우리의 죄를 당신의 죽음을 통하여 속죄하거나 씻지 않으셨다. 그분은 하느님의 용서를 새로운 방식으로 전해 주셨고 당신 사랑을 통하여 확인해 주시고 보장해 주셨다. 루가에 따르면 예수께서는 특히 새로운 자기이해, 즉 우리 삶에 대한 새로운 시각을 선사해 주셨다. 루가의 기쁜 소식은, 우리가 우리 자신과 세상을 다르게 볼 수 있도록 예수께서 친히 우리의 눈을 열어 주셨다는 데 있다. 이 새로운 자기이해가 바로 회개, 즉 다르게 생각하기, 예수께서 우리에게 전달해 주신 새로운 사고방식이다. 우리는 회개를 자신의 힘으로 완성해야 할 필요가 없다. 우리가 그 당시 사람들과 똑같이 이야기들 속에서 그분을 만난다면, 예수께서는 우리에게 회개를 가능하게 해 주신다. 그리고 그분은 우리에게 성령 안에서 이 새로운 생각을 바탕으로 다른 길을 가고 다르게 행동할 수 있는 힘을 주신다. 우리는 오늘날 수많은 책들을 통해 제공되고 있는 것과 같은 힘겨운 자기발전 프로그램이 필요 없다. 성령께서 친히 '새로운 길'을 가도록, 참된 삶을 향한 길을 가도록 우리를 이끄신다. 예수께서 열어 주신 새로운 길을 가는 사람은 성공적인 삶을 살 것이다.

루가는 전례력의 복음사가다

교회사에서 루가 복음이 미친 영향은 루가가 우리에게 전해 준 새로운 윤리의 측면에서뿐 아니라 그가 우리를 초대하는 영성적인 길의 측면에서도 지대하다. 영성적인 길은 특히 개인 기도의 특징을 가지고 있다. 하지만 그 길은 예수의 사건이 오늘날 우리에게 현재화되는 공동 전례와도 연관되어 있다. 전례의 전통에서 루가는 전례력의 신학자로 통한다. 그 이유는 다양하다. 한편으로 루가는 자신의 복음을 성전에서 시작한다. 즈가리야는 성전에서 사제 직무를 수행하다가 한 아들이 태어나리라는 약속을 받는다. 그리고 루가는 그의 복음을 제자들이 성전에서 부르는 찬미가로 마무리한다. "늘 성전에서 하느님을 찬양하며 지냈다"(루가 24,53). 루가 복음서의 이 마지막 문장을 쓰면서 루가는 공동체의 전례 — 하느님 경배 — 를 생각하고 있는 것이다. 공동체는 전례에서 하느님께서 예수를 통해, 예수 안에서 완성하신 위대한 일을 기념한다. 전례를 통해 당시 사건이 현재화된다.

루가는 예수의 행적을 구원이 이루어지는 한 해로 묘사한다. 그는 예수의 구원 행위 전체를 일 년 동안의 행적으로 보고 있다. 예수께서는 당신의 과업이 "주님의 은혜로운 해를 선포"(루가 4,19)하는 것이라고 이해하신다. 하느님께서 예수 그리스도 안에서 우리에게 선사하신 이 구원의 해는, 구원이 역사에 갈수록 더 깊이 스며들도록 교회력에서 반복될 것이다. 교회력의 축일 대부분은 루가에게 그 기원을 두고 있다. 6월 24일을 세례자 요한 축일로 정한 것이 그렇고, 12월 24일을 예수 탄생일로 정한 것이 그렇다(루가 1,26 참조). 성탄부터 천주의 성모 마리아 대축일까지 이어지는 시기는 루가가 우리에게 전해 주는 예수 탄생 이야기에 근거하고 있다. 사순절, 부활절, 예수 승천 그리고 성령 강림은 루가 복음에 그 근거를 두고 있다. 그러나 루가는 교회에게 축일들과 축일 간의 시간적인 연관성 그 이상을 선사했다. 그리스 신학자들은 루가 복음에 기초하여 교회 전례력에 대한 고유한 신학을 전개했다. 이 신학에서는 특히 두 가지 생각, 즉 루가의 역사신학과 연극에 대한 루가의 이해가 중요하다.

역사의 신학

루가는 그리스인으로서 역사를 하느님이 인간에게 나타나시는 장소로 이해한다. *kai egeneto*(그리고 일어났다, 일이 생겼다)라는 말은 루가가 가장 좋아하는 표현일 것이다. 예수의 삶은 한 사건, 한 역사적 사건이라는 것이다. 일어나는 일은 인간에게 의미가 있다. 그 일은 사람들을 움직인다. 그 일은 사람들 안에서 치유와 구원의 작용을 한다. 그 당시 일어난 일은 전례에서 늘 현재화된다. 기념은 역사에서 이루어진 하느님의 행위를 전례에 참여하는 사람들을 위해 현재로 바꾸어 놓는다. 전례에서 예수의 역사를 기억하는 사람들은 이 역사에 의해 내적으로 감동받게 되고 변화된다. 교회 전례력에 따라 전례 안에서 예수의 역사가 반복적으로 기억됨으로써 예수의 역사는 갈수록 세계사 안에 스며들고 관통한다. 이를 통해 예수의 구원의 해에 일어난 구원이 사람들에게 작용하고 모든 세대로 이어진다. 인간은 본질적으로 역사적이다. 인간은 자신의 본질을 역사에서 전개한다. 인간은 태어날 때부터 역사의 영향을 받는다. 그는 오직 역사에 대한 반성을 통해서 '자기'에 이를 수 있다. 루가는 인간의 역사성을 진지하게 받아들인다. 구원도 역사에서 이루어지고, 역사에서 영향력을 행사한다. 루가는 그리스의 역사철학을 잘 알고 있는데, 이 철학은 영향사를 사건에 포함시킨다. '기념'과 '기억'은 사건이 영향력을 행사하고 우리의 역사적 실존에 영향을 미치는 두 가지 방법이다. 예수에게서 그 절정에 이른 구원사에 대한 '기념'은 과거의 것을 현재로 옮겨 놓아 우리가 그분의 요청에 직면하게 한다. '기억'은 일어난 일이 인간의 마음에 각인되도록 그 일을 내재화한다. 이런 방식으로 예수 그리스도를 통한 구원은 오늘날 우리에게 전해진다.

일곱 번의 '오늘'

우리가 그 당시 일어난 사건을 전례에서 기념하면, 그 사건이 오늘날 우리에게 일어난다는 취지는 일곱 번의 '오늘'에서 선명해진다. 루가는 예수의 생애 중 중요한 사건들에서 '오늘' 사람들에게 구원이 이루어졌다고 이야기한다. 첫째 '오늘'은 예수의 탄생을 해석한다. 천사는 목동들에게 이렇게 선포한다. "오늘 다윗의 고을에 구원자가 태어나셨으니, 곧 주님 그리스도이시오"(루가 2,11). 오늘 백성을 해방시키실 메시아에 대한 구약성서의 약속이 실현된다. 예수의 세례 때 하늘에서 음성이 들린다. "너는 내 사랑하는 아들, 나는 너를 어여삐 여겼노라"(루가 3,22). 세례 때 예수께서는 하느님의 아들로 확인되고 성령을 받아 그 영의 힘으로 병자들을 치유하고 하느님의 일을 완성하실 당신의 길을 가신다. 나자렛 회당에서 하신 최초의 설교에서 예수께서는 친히 다음과 같이 선포하신다. "이 성서 말씀이 오늘 여러분이 듣는 가운데서 이루어졌습니다"(루가 4,21). 예수의 등장과 함께 구원의 해가 시작된 것이다. 이사야가 약속했던 것, 즉 가난한 이들에게 좋은 소식이 전해지고, 갇혀 있는 이들에게 해방이, 눈먼 이들에게 다시 볼 수 있음이 선포되며 억압받는 이들은 해방된다는 약속이 오늘 사람들의 눈앞에서 이루어진다. 중풍 병자의 치유를 보고 사람들은 크게 놀라 하느님을 찬양한다. "모두들 넋이 빠져 하느님을 찬양하며 두려움에 차서 '우리가 오늘 신기한 일을 보았다' 하였다"(루가 5,26). 예수께서 세관장 자캐오와 그의 친구들과 함께 식사하시는 장면에서는 '오늘'이라는 말이 두 번 나온다. "오늘은 내가 당신 집에 묵어야겠습니다"(루가 19,5). 그리고 자캐오가 예수의 사랑으로 마음이 변화되어 자기 재산의 절반을 가난한 사람들에게 주겠다고 약속했을 때, 예수께서는 그에게 이렇게 말씀하신다. "오늘 이 집에 구원이 내렸습니다"(루가 19,9). 루가는 예수의 십자가 처형에서 마지막으로 '오늘'이라는 말을 한다. 오른쪽 사형수가 예수께 당신 나라에 들어가실 때 자기를 기억해 주십사고 청하자, 그분은 이렇게 대답하신다. "진실히 말하거니와, 그대는 오늘 나와 함께 낙원에 있을 것입니다"(루가 23,43).

우리는 루가 복음에 등장하는 이 일곱 번의 '오늘'을 일곱 성사와 비교할 수 있을 것이다. 예수 안에서 그리고 예수를 통하여 그때 일어난 일이 칠성사에서 오늘 우리에게 일어난다. 오늘 우리는 새로 태어나게 된다. 오늘 우리는 성령으로 도유塗油된다. 오늘 우리는 우리의 죄를 용서받고, 오늘 우리의 병은 치유되며, 오늘 예수께서는 우리와 함께 성찬을 거행하시고, 우리에게 당신의 자비와 인간에 대한 애정을 보여 주신다. 오늘 우리는 예수의 죽음과 부활에 대한 기념 축제에서, 우리는 이미 지금 낙원에 있다는 것과 이미 부활하신 분의 영광에 참여하고 있다는 것을 경험한다.

이렇게 볼 때, 예수의 생애에서 가장 중요한 단계들이 '오늘'이라는 말과 연결되어 있다. 유다인들과 그리스인들은 모두 이 '오늘'이라는 말을 이해한다. 시편 95의 7절에 이렇게 씌어 있다. "아, 오늘 너희가 그분 소리에 귀를 기울인다면!" 과거에 이스라엘 사람들에게 말씀하신 그 하느님께서 '오늘' 전례에서 우리에게 말씀하신다. 그것은 우리가 우리의 마음을 완고하게 만들지 않고 하느님 말씀으로 변화시키도록 하기 위함이다.

이 '오늘'은 그리스인들의 귀에도 익숙하다. 밤의 신비 예식에서 사제는 예식에 참여하고 있는 이들에게 이렇게 큰 소리로 말한다. "오늘 동정녀가 빛을 낳았노라." 신비 예식들은 '오늘'을 알고 있었다. 신비 예식은 '그때 일어난 일'을 기념하는데, 그것은 그때 일어난 일이 '오늘' 우리에게도 일어나 우리를 사로잡도록 하기 위함이다. 그리스인들은 그들의 종교의례에서 신들이 활동했던 거룩한 시간에 맞닿으려고 노력한다. 그리스인들에게는 경신례가 시작, 즉 우주 창조라는 순수하고 거룩한 시간이 다시 현재화되고 속된 시간이 불순함과 함께 사라지는 장소다. 전례에서 거룩한 시간, 구원의 시간을 기억하는 사람은 즉시 새로 태어난다. 그는 "탄생의 순간처럼 전혀 소모되지 않은 활력의 보고寶庫를 지니고 자신의 실존을 다시 한 번 시작했다"(Eliade 47). 바로 이 근원에 대한 향수, 낙원을 그리는 향수가 그리스인들이 벌였던 축제의 원동력이었다. 그것은 "그때(in illo tempore) 있었던 강하고 싱싱하고 순수한 세계로 돌아가려는 갈망이었다. 그것은 동시에 거룩한 것을 향한 갈증이고 존재를 향한 향수다"(Eliade 55).

초대 그리스도인들이 전례에서 '오늘'이라는 말을 들었을 때, 그들은 그리스도 친히 그들과 함께 현존하신다는 것을 알았다. 그들은 주님의 구원의 해에 동참했다. 그때 사람들을 그토록 감동시켰던 것, 그들의 마음을 변화시킨 것, 그들의 상처를 치유한 것이 오늘 우리에게 일어난다. 사람들은 예수의 치유하고 해방시키는 힘을 경험한다. 예수께서는 오늘 그들에게 말씀하시고, 오늘 그들의 먼 눈과 나병에 걸린 몸을 만져 주신다. 루가는 이 '오늘'의 신학으로 우리에게 '역사의 악취 풍기는 무덤'(과거의 예수와 오늘 우리 사이에 놓여 있는 뛰어넘을 수 없는 '역사적인' 거리를 독일 계몽철학자 레싱은 '역사의 악취 풍기는 무덤'이라고 표현했다 — 역자 주)을 연결하는 한 길, 예수의 사건을 오늘 치유하고 구원하는 사건으로 경험하는 한 길을 보여 준다.

연극의 신학

루가가 교회 전례력의 신학을 풍요롭게 한 둘째 생각은 연극에 대한 그리스인의 표상이다. 그리스인들은 연극을 좋아했다. 연극에서는 인간의 갈등과 함께 불거져 나오는 모든 감정과 열정들이 표현된다. 연극에서는 선과 악, 빛과 어둠이라는 양극 사이에

존재하는 인간이 드러난다. 관객은 이런 방식으로 자신의 억눌린 감정과 열정을 발견한다. 관객은 자기 마음의 심연을 발견하게 되고, 자신의 욕구들과 갈망들, 자신의 위험과 내적 분열을 인지하게 된다. 연극은 그리스인들에게 정화 작용을 했다. 다시 말해서 연극은 열정들과 감정들로 인해 내적으로 오염된 관객을 깨끗하게 씻어 준다. 나는 연극에 동참함으로써 내적으로 변화된다. 감정들은 선명해지고, 나는 나의 근원적인 '자기', 즉 하느님께서 나에 대하여 생각하신 그 순수한 이미지와 만난다.

루가는 예수의 생애를 관객들을 감동시키고 회개하게 만드는 연극으로 묘사한다. 그리고 초대 그리스도인들은 예수 당대의 사람들처럼 가슴을 치며 변화된 상태에서 집으로 돌아가기 위하여 전례에서 반복적으로 이 연극을 공연했을 것이다. 전례신학을 발전시켰던 초대 교부들은 특히 그리스인들이었다. 그들은 '연극'이라는 아이디어를 활용했다. 그것은 한편으로는 루가에게서, 다른 한편으로는 그들 주변에서 행해지던 신비 예식에서도 발견되는 것이었다. 우리가 오늘날 '연극의 신학'에서 영감을 얻는 것은 바람직하다. 그러면 우리의 전례가 더 매력 있을 것이다. 그리고 전례는 전례에 참여하는 사람들에게 예수의 이야기를 그 당시 루가 복음을 읽던 독자들처럼 감동적으로 눈앞에 보여 줄 것이다. 예를 들어 성탄 때 예수 탄생 이야기를 읽으면, 혹은 잃었던 아들 비유나 엠마오 이야기가 선포되면 교회와 거리가 먼 전례 참석자들조차 오늘날 루가의 언어에 매료될 것이다.

루가와 전례 기도

루가는 그의 복음서에서 교회에게 세 개의 기도 시편을 선사해 주었는데, 우리는 그 기도들을 매일 전례에서 노래한다. 그것은 아침 찬가인 「즈가리야의 노래」와 저녁 찬가인 「마리아의 노래」 그리고 끝기도인 「시므온의 노래」다. 나는 이 세 찬미가에서 과거와 현재 그리고 미래를 연결하는 루가의 예술이 표현되어 있다고 생각한다. 이들 찬미가에서 우리는 하느님께서 그때 우리를 위해 하신 일과 그분께서 오늘 우리에게 하시는 일을 찬양한다. 우리는 매일 그리고 여러 축일에 이 노래들을 이용한다. 이 노래들은 세례자 요한의 탄생이나 성탄에 일어난 일만 묘사하는 것이 아니다. 이 노래들은, 부활 대축일이든 성령 강림 대축일이든, 주님 승천 대축일이나 천주의 성모 마리아 대축일 혹은 성인 축일이든, 모든 축일의 신비를 묘사하기 위해서 열려 있다. 항상 관건은, 전례를 거행하는 '오늘'의 우리에게 행하시는 하느님의 자비로우신 행위다.

루가는 본디 세례자 요한의 탄생을 축하하는 시인 즈가리야의 찬가를 의도적으로 예수 탄생 앞에 배치했다. 이렇게 루가는 「즈가리야의 노래」에서 우리가 매일 아침 새롭게 새기는 인간 되심의 신비가 표현되어 있다고 본다. 예수 안에서 하느님은 우리 인간을 찾아오셨다. 하느님이 우리의 손님이 되신다. 그리고 그분은 방문 선물로서 구원을 가져오신다. 이 구원은 우리 원수에게서의 해방으로, 그분께서 우리에게 증명해 보이시는 자비로, "한평생 당신 앞에 거룩하고 의롭게"(루가 1,75) 그리고 두려움 없이 사는 삶의 가능성으로 묘사된다.

그리고 예수의 탄생은 높은 데서 찾아오시는 찬란한 빛의 방문으로 찬양된다. 그리스도 안에서 우리를 위한 구원의 태양이 빛난다. 이 태양은 우리의 발길을 평화의 길로 인도하시기 위하여 어둠과 죽음의 그늘 밑에 주저앉아 있는 우리를 비추신다(루가 1,79 참조). 유다인들과 그리스인들은 모두 하늘 높은 데에서 밝게 빛나는 별의 이미지를 알고 있다. 그리스도께서는 하늘의 빛이시다. 그분은 우리 마음에 떠오르는 진정한 샛별이시다. 교회는 떠오르는 태양이 그리스도를 가리킨다는 것을 고백하기 위하여 매일 아침 이 노래를 부른다. 우리가 자연에서 보는 것은 진정한 태양이신 그리스도를 가리키는 상징이다. 그리스도께서는 우리의 어둠을 쫓아내고 우리를 평화의 길로 이끌어 주실 빛을 오늘 우리에게 가져다주신다.

우리는 매일 저녁기도에서 「마리아의 노래」를 부른다. 이것은 마리아의 찬미 노래다. 마리아는 이 노래에서 하느님께서 그에게 하신 일만 찬미하는 것이 아니라 역사 내에서 행하신 하느님의 작용과 이 세상의 모든 가치 기준을 뒤집는 예수 그리스도 안에서의 하느님의 행위를 찬미한다. 하느님은 예수 안에서 이 세상의 힘의 구조를 반대로 뒤집으셨다.

루가는 유다교의 기도들을 묶어 「마리아의 노래」를 만든다. 이 찬미가는 바리사이의 시편들과 유사하지만 루가는 동시에 그리스적 모티프도 살짝 곁들인다. 관계의 전환은 그리스 문학에서도 잘 알려진 문학 유형이다. 그리스도교 전례는 「마리아의 노래」를 예수의 탄생과만 연관시켜서 해석하지 않고, 그것을 늘 예수의 죽음과 부활이 빛에서 보았다. 예수의 죽음과 부활에서 하느님께서는 이 세상의 모든 가치 기준들을 쓰레기 더미에 던져 버리셨다. 예수의 탄생을 통해 세상 통치자께서 가난한 아기로 태어나고, 부유한 이들은 이를 통해 빈손으로 떠난다는 것이 분명해

졌다. 예수의 탄생에서 시작된 일이 예수의 죽음과 부활에서 완성된다. 그때 처형된 이가 왕이 되고, 죽은 이가 삶의 영도자가 된다. 빛이 어둠을 비추고, 무덤이 삶의 장소가 된다. 루가는 「마리아의 노래」를 통해 예수의 신비를 상징으로 묘사하는 노래를 교회에 제공한다. 이 상징들은 동시에 우리 삶의 변화를 가리키는 상징이기도 하다. 그리스도를 보고 마리아를 보면, 하느님께서 나에게 큰 일을 하셨다는 것을 깨닫게 된다. 이렇게 「마리아의 노래」는, 하느님께서 오늘 나의 비천함을 보셨고 나에게 큰 일을 하신 것에 대해 감사하는 개인적인 저녁기도가 된다. 그러니까 이 노래 안에서 과거와 현재만 혼합되는 것이 아니라 동시에 마리아의 체험이 나의 개인적인 체험과 섞이고, 예수의 운명이 나 자신의 운명과 혼합된다. 루가는 과거를 현재화하는 예술, 예수의 역사를 교회의 역사 및 완전히 개인적인 우리의 역사와 연결하는 예술을 알고 있다. 이 예술을 루가는 「마리아의 노래」에서 유일무이한 방식으로 실현했다. 이 노래를 매일 부를 때, 우리는 신앙 안에서 우리의 자매이신 마리아와 공동으로 하느님께서 우리에게 하신 은혜로운 행위를 새롭게 노래하는 것이다.

교회의 밤기도인 끝기도에서 교회는 늙은 시므온의 이별가를 노래한다. 이 노래도 이중 의미를 내포하고 있다. 이 노래는 시므온이 자기 팔에 안긴 아기에게서 구원을, "이방 민족들에게는 계시하는 빛이요 당신 백성 이스라엘에게는 영광"(루가 2,32)인 구세주 아기를 체험한 것에 대해 감사하는 감사의 노래다. 동시에 이 노래는 하루를 마감할 때 부르는 우리의 노래다. 오늘 우리는 하느님께서 우리를 위해 마련해 주신 구원을 보았다. 오늘 빛이신 그리스도께서는 우리 안의 믿음과 불신을 드러내시기 위하여 우리를 밝혀 주신다. 시므온의 기도는 죽음의 순간에 이루어지는 하느님과의 대화다. 그것은 우리를 위해서는 밤을 맞이하는 시점에서 하는 죽음의 연습이다. 죽음의 밤은 그 힘을 잃었다. 왜냐하면 우리는 예수 안에서 우리의 삶을 건강하게 해 주고 온전하게 해 주는 구원을 보았기 때문이다. 우리는 예수의 탄생에서뿐 아니라 오늘 이 하루에서도 구원을 보았다. 하느님께서 침묵 중에 우리를 만지시고, 한 사람과의 만남에서 당신의 신비를 밝혀 주실 때, 하느님은 우리에게 구원을 보여 주시는 것이다. 예수를 바라보면 오늘 우리에게 일어나는 구원을 보는 눈이 열린다. 우리는 오늘 구원을 보았기에 밤에 안심하고 하느님의 애정 깊은 팔에 우리를 맡길 수 있다.

교회는 루가가 교회에게 선사한 이 세 노래를 사랑한다. 그리고 많은 그리스도인들은 이 노래를 매일 즐겨 부른다. 그들은 루가의 노랫말들이 시로 가득 차 있다는 것, 그 노랫말들은 우리가 오늘 경험하는 모든 것을 하느님 앞에 표현하기에 충분하다는 것을 느낀다. 많은 그리스도인들은 하느님께서 그때 예수의 역사 안에서 우리에게 하신 일과 오늘 예수 그리스도 안에서 우리에게 하시는 일에 대해 하느님을 찬양한다. 루가는 그러니까 매일 전례 안에 현존하는 것이다. 이렇게 루가는 다른 어떤 사람보다도 더 교회 안에서 계속 활동하고 있다. 대축일, 즉 예수 성탄 대축일, 천주의 성모 마리아 대축일, 예수 부활 대축일, 주님 승천 대축일 그리고 성령 강림 대축일 때 우리는 루가 복음서와 사도행전에서 발췌한 성서 본문을 듣는다. 대림 시기에 우리는 성탄을 앞둔 며칠 동안 특히 루가 복음서에서 발췌한 복음을 듣는다. 그리고 부활 시기에 우리는 매일 사도행전에서 발췌한 독서를 듣는다. 우리는 매일 아침과 저녁에 루가가 우리에게 전해 준 노래들을 부른다. 이 노래들은 루가가 벌써 이천여 년 전에 쓴 노랫말들인데도 매일 새로운 노래가 된다. 루가는 우리에게 예수님 면전에서 우리의 삶을 해석하고 표현할 수 있는 말씀들을 선사해 준 진정한 시인이다.

맺음말

루가는 요즈음 여러 이름으로 불린다. '가난한 이들의 복음사가'(Degenhart), '일상의 복음사가'(Venetz), '교회 전례력의 복음사가'(Grundmann), '여성들의 복음사가'(여성신학), '최초의 해방신학자'(해방신학) 등등. 오늘날 루가 복음의 진가는 특히 해방신학과 여성신학에 의해 새롭게 발견되었다. 개신교 성서 주석은 루가 복음을 도외시한다. 불트만은 루가를 근거로 어떤 쓸 만한 신학도 전개할 수 없다고 보았다. 그는 루가를 바울로의 의화론을 기준으로 쟀고, 그 결과 루가는 바울로와 다른 신학을 전개한다는 사실을 확인했다. 그러나 바울로뿐 아니라, 우리 마음에 와 닿고 우리를 회개로 초대하는 그런 이야기들을 해 주는 인간으로서의 예수를 우리에게 전해 주는 루가도 있다는 것은 다행이다. 루가는 다른 어떤 복음사가들보다도 여자들에게 친근한 저자다. 왜냐하면 루가만이 유일하게 열두 사도들뿐 아니라 여자들도 예수를 따랐다고 전하고(루가 8,2-3 참조) 있기 때문이다. 여자들도 남자들과 똑같이 예수를 따르는 제자들이었다. 루가는 여자들의 마음을 감동시킨다. 왜냐하면 그는 예수의 말씀을 윤리화시키지 않고 이야기로 전하기 때문이다. 그리고 루가는 여자들의 사랑을 받는다. 왜냐하면 그는 이론적으로 쓰지 않고, 늘 독자들과 관계를 맺고 있기 때문이다. 그는 글쓰기를 통하여 관계를 맺는다. 이것이 루가 복음의 다른 측면, 인간적인 측면이다.

루가는 오늘날도 그때와 똑같이 현실적이다. 그는 오늘날 많은 이들에게 낯설어진 살아 있는 예수를 다시 데려다 줄 수 있다. 루가의 예수 이미지는 흥미롭고 매력적이다. 그의 이미지는 조화롭고 착하기만 한 것이 아니다. 루가가 그리는 예수의 이미지는 강인한 특성도 지니고 있다. 우리는 그런 예수와 직면해야 한다. 우리는 그런 예수를 돌아갈 수 없다. 그의 여러 진술들은 우리에게 도전적으로 들린다. 그리고 동시에 그의 말과 행동 방식은 우리를 매료시킨다. 루가가 그 당대 그리스 지식인들을 위해 해낸 번역 작업을 우리는 오늘날 계속해야 할 것이다. 우리가 오늘날의 어떤 지평 안으로 예수를 선포해야 하는가? 이 지평은 헬레니즘의 사고방식과 얼마나 어울리는가? 헬레니즘은 그리스, 이집트, 페르시아 그리고 이스라엘의 정신문화가 함께 어우러진 복합적인 문화권이다. 그것은 우리가 살고 있는 오늘날의 문화적 복합성과 유사하다. 그렇기 때문에 루가를 우리의 사고 지평에 어울리게 번역하는 것은 우리의 과업일 것이다. 우리는 다른 종교들을 폄하하지 않으면서 다른 종교들과 대화하는 예수의 고유하고 특별한 방식을 루가에게서 배울 수 있다. 바로 다른 종교들의 전통들이 예수의 신비를 깊이 이해할 수 있는 눈을 우리에게 열어 줄 수 있다.

루가는 사회정의의 신학자로서 매우 현대적이다. 부의 정의로운 분배는 향후 정치의 핵심 현안이 될 것이다. 남·북반구의 관계가 계속 이렇게 벌어진다면, 그것은 전쟁의 원인이 될 것이다. 지속적으로 평화롭게 살려면 우리는 오늘날 루가의 목소리를 다시 들어야 할 것이다. 평화는 성탄을 알리는 서정적인 메시지만이 아니다. 평화를 향해 가는 발걸음도 필요하다. 그리고 이 평화를 향한 발걸음이란 루가에게 특히 재산의 분배에 있다. 우리는 오늘날 루가의 이 통찰을 간과해서는 안 된다. 그렇기 때문에 루가는 가난한 이들의 복음사가로 불리는 것이다.

사람마다 루가 복음 중에서 좋아하는 성서 본문이 다를 것이다. 사람마다 마음에 와 닿고 감동받는 이야기들이 서로 다를 것이다. 나는 독자가 루가 복음을 새로운 눈으로 읽기를 바라고, 독자가 루가 복음을 처음 읽는 것처럼 읽기를 바란다. 그러면 독자는 이 복음의 현실성에 눈을 뜰 것이다. 나는 모든 독자에게 엠마오 제자들에게 일어났던 일이 일어나기를 바란다. "길에서 말씀하시고 성서를 풀이해 주실 때 우리 마음이 뜨거워지지 않던가!"(루가 24,32). 독자 여러분의 마음이 타오르기를 바란다. 독자 여러분이 예수 그리스도에게서 빛나고 여기 이 땅에서 우리를 찾아오신 하느님의 자비로운 사랑을 이해할 수 있는 눈이 열리기를 바란다.

참고 문헌

François BOVON, *Das Evangelium nach Lukas*, EKK III,1, Einsiedeln 1989.

—, *Das Evangelium nach Lukas*, EKK III,2, Einsiedeln 1996.

Albrecht DIHLE, *Gerechtigkeit*, in: RAC, 233-360.

Mircea ELIADE, *Das Heilige und das Profane. Vom Wesen des Religiösen*, Hamburg 1957.

Josef ERNST, *Lukas. Ein theologisches Portrait*, Düsseldorf 1985.

Walter GRUNDMANN, *Das Evangelium nach Lukas*, Berlin 1966.

Bernhard HEININGER, *Metaphorik, Erzählstruktur und szenisch-dramatische Gestaltung in den Sondergutgleichnissen bei Lukas*, Münster 1991.

Klaas HUIZING, *Ästhetische Theologie I. Der erlesene Mensch*, Stuttgart 2000.

Alois KEHL, *Geschichtsphilosophie*, in: RAC, 703-53.

PLATON, *Gorgias*, in: PLATON, Sämtliche Werke I., Heidelberg 1958.

Edward SCHILLEBEECKX, *Christus und die Christen. Die Geschichte einer neuen Lebenspraxis*, Freiburg 1977.

Rudolf SCHNACKENBURG, *Die Person Jesu Christi im Spiegel der vier Evangelien*, Freiburg 1993.

Heinz SCHÜRMANN, *Das Lukasevangelium*, Freiburg 1969.

Hermann-Josef VENETZ, *Der Evangelist des Alltags. Streifzüge durch das Lukasevangelium*, Freiburg (Schweiz) 2000.